westermann

W0225878

D Eins

Deutsch | Arbeitsheft 10

Dieses Arbeitsheft gehört:

____

D Eins

Deutsch | Arbeitsheft 10

Herausgegeben von
Claus Gigl und Klaus-Michael Guse

Erarbeitet von
Klaus Ackermann, Carolin De Marino, Luise Esser, Katharina Fischer, Maria Fuhs, Klaus-Michael Guse, Lucia Haldorn, Franziska Happ, Christian Kass, Christina Knott, Markus Alexander Kopp, Thomas Petri, Andreas Seidler, Pablo Thau, Dorothee Wielenberg

Druck A[1] / Jahr 2023
Alle Drucke der Serie A sind im Unterricht parallel verwendbar.

Redaktion: Lena Höing, Christina Kauschke
Illustrationen: Matthias Berghahn, Yaroslav Schwarzstein
Umschlaggestaltung und Layout: Janssen Kahlert Design & Kommunikation, Hannover
© istockphoto.com/bojanstory
Satz: Integra Software Services
Druck und Bindung: Westermann Druck GmbH, Georg-Westermann-Allee 66, 38104 Braunschweig

ISBN 978-3-507-**69016**-5

So arbeitest du mit dem Arbeitsheft

Dies ist dein persönliches Arbeitsheft. Es passt genau zu deinem Deutschbuch **D Eins** und begleitet dich durch das ganze Jahr. Hier kannst du noch einmal gezielt üben, was ihr im Unterricht erarbeitet habt. Immer, wenn du im Schulbuch dieses Piktogramm siehst, bekommst du einen Hinweis, welche Seiten aus dem Arbeitsheft zu den Seiten im Buch passen.

- Du kannst direkt in dein **Arbeitsheft** schreiben, Wörter unterstreichen oder zeichnen. Manche Aufgaben musst du allerdings im Heft lösen.
- Auf einigen Seiten findest du auch rote Aufgaben zum Weiterarbeiten. Diese sind besonders knifflig und anspruchsvoll.
- Seiten aus dem Arbeitsheft, die du bereits bearbeitet hast, kannst du im Inhaltsverzeichnis abhaken. So behältst du den Überblick, was du schon gemacht hast, und kannst einzelne Seiten noch einmal wiederholen.
- Zu diesem Arbeitsheft gibt es ein **Lösungsheft**, mit dem du deine Arbeit überprüfen kannst. Für manche Aufgaben gibt es unterschiedliche Lösungen, z. B. wenn du einen eigenen Text schreibst. Arbeite dann mit einer Lernpartnerin oder einem Lernpartner zusammen und besprecht eure Lösungen. Sicher hilft dir bei Fragen auch deine Lehrerin oder dein Lehrer.

Wir wünschen dir viel Spaß und guten Lernerfolg mit deinem **D Eins**-Arbeitsheft!

Körpersprache lesen – Nonverbale Kommunikation untersuchen

1 a) Beschreibe, wie der körpersprachliche Ausdruck der Personen jeweils wirkt.
b) Halte mögliche Bedeutungen fest.
c) Notiere, wie du dich gegenüber der jeweiligen Person verhalten würdest.

Ein Gespräch untersuchen

1 Lies folgendes Gespräch aufmerksam durch und markiere Passagen, die dir auffallen.

Planung mit Problemen

Julia, Alex, Hendrik, Robin, Lara und Melek helfen ihrer Klassenlehrerin Frau Janssen bei der Organisation der Klassenfahrt nach Paris.

Robin: Ich find's schade, dass wir nur für ein verlängertes Wochenende fahren und nicht noch einen Tag dafür frei bekommen. Die Janssen hätte bei der Schulleitung einfach mehr Druck machen müssen. Wenn's hart auf hart kommt, setzt die sich einfach nicht richtig ein...

Hendrik: Kann schon sein, aber lass mal schauen, was wir in den drei Tagen alles unterbringen können. Wir machen eine Liste und lassen die anderen darüber abstimmen.

Lara: Vor allem brauchen wir eine Liste für die Zimmerverteilung. Ich gehe auf keinen Fall mit Chiara auf ein Zimmer! Eher fahre ich nicht mit. Die quatscht die ganze Zeit, das macht mich wahnsinnig! Die ist sowas von unmöglich.

Hendrik: Louvre, Eiffelturm, Notre-Dame sehen wir auf der Rundfahrt. Wir sollten überlegen...

Lara: War ja klar – kein Wort über deine geliebte Chiara.

Hendrik: He, wir sollen eine Klassenfahrt organisieren, schon vergessen?

Lara: Hauptsache, du kannst bestimmen.

Julia: Also, dann gehe ich mit Chiara auf ein Zimmer.

Melek: Aber du wolltest doch mit Isabell und Hannah auf ein Zimmer.

Julia: Ach, ich schaffe das schon. Macht mir nichts aus.

Robin: Dass ihr immer so schnell aufgebt! Ich spreche morgen nochmal mit der Janssen, notfalls gehe ich zur Schulleitung oder mein Vater ruft da an.

Melek: Wenn du meinst. Ich glaube nicht, dass das viel bringt.

Lara: Wenn du es versuchst, bestimmt nicht.

Melek: Wir sollten Hendriks Vorschlag aufgreifen und eine Liste machen. Ich habe schon mal im Internet recherchiert.

Lara: Mach lieber endlich die Zimmerliste, Julia! Hauptsache, ich muss am Ende nicht mit den Langweilern und Spaßbremsen abhängen. Übrigens: Alex, hast du eigentlich irgendwelche Vorschläge, oder bist nur zufällig in unserer Gruppe?

Robin: Du kannst mit mir zur Janssen kommen. Danebenstehen und nicken, den Rest mache ich.

Alex: Ich kann sowieso nichts sagen, da fällt mir nichts ein. Am liebsten würde ich gar nicht mitfahren. Mein Französisch reicht gerade, um ein Baguette zu kaufen.

Melek: Du kannst ja die Listen tippen.

Alex: Oh nee, das ist ja alles Französisch. Das kann ich nicht.

Lara: Wie dämlich ist der Typ eigentlich?

Hendrik: Vielleicht kannst du das übernehmen, Julia?

Melek: Seit wann hast du zu bestimmen, wer was macht? Warum willst du das jetzt Julia in die Schuhe schieben?

Hendrik: Ich weiß gar nicht, wo das Problem ist.

Robin: Also, Leute, so kommen wir keinen Zentimeter weiter.

2 Formuliere deinen ersten Eindruck von dem Gespräch. Welchem Ziel dient das Gespräch? Inwiefern kommen die Dialogpartner/-innen dem Ziel näher? Welche Probleme siehst du?

3 a) Untersuche das Gespräch mit Bezug zum Kommunikationsmodell von Paul Grice, indem du die folgende Tabelle ausfüllst.

Tipp

Es ist auch möglich, dass einige Gesprächsteilnehmer/-innen sich an eine Maxime halten und andere nicht. Finde in diesem Fall Belege für beide Varianten.

Halten sich die Gesprächsteilnehmer/-innen an ...		
	Ja	**Nein**
die Maxime der Quantität?	☐ Beleg: Z. ______	☐ Beleg: Z. ______
die Maxime der Qualität?	☐ Beleg: Z. ______	☐ Beleg: Z. ______
die Maxime der Relevanz?	☐ Beleg: Z. ______	☐ Beleg: Z. ______
die Maxime der Modalität?	☐ Beleg: Z. ______	☐ Beleg: Z. ______

b) Halte fest, inwiefern sich die im Gespräch auftretenden Probleme durch das Modell von Grice erklären lassen.

4 Beschreibe die mögliche Körpersprache der Gesprächsteilnehmer/-innen.

Robin:

Hendrik:

Lara:

Julia:

Melek:

Alex:

5 Formuliere Vorschläge und Hinweise, die der Gruppe dabei helfen könnten, ihre Kommunikationsprobleme zu lösen bzw. zu gemeinsamen Lösungen zu kommen.

Äußerungen einer literarischen Figur anhand des Kommunikationsquadrates untersuchen

In Yasmina Rezas Stück „Der Gott des Gemetzels" ist Alain Reille der Vater von Ferdinand Reille. Da Ferdinand seinem 11-jährigen Mitschüler Bruno Houillé bei einer Auseinandersetzung zwei Schneidezähne ausgeschlagen hat, treffen sich die Eltern, um die Sache zu klären.

1 Halte fest, welche Eindrücke von Alains Charakter die Schauspieler mithilfe der Körpersprache vermitteln.

2 Schlüssele folgende Äußerungen Alains mithilfe des Kommunikationsquadrates auf.

A *[Alain, der als Rechtsanwalt für einen Pharmakonzern arbeitet, telefoniert während des Gespräches immer wieder mit seinen Mitarbeitern in der Firma.]*
„Ja, ja, Moment ... *(Handy)* Serge? ... Denen ist das Risiko seit zwei Jahren bekannt ... Ein interner Bericht, offiziell haben sie nichts von unerwünschten Nebenwirkungen verlauten lassen ... Nein, keine Vorsichtsmaßnahmen, keine Rückstellungen in der Jahresbilanz, kein Wort ... Schwankender Gang, Gleichgewichtsstörungen, kurz gesagt: du wirkst, als hättest du ständig einen sitzen ... *(lacht mit seinem Mitarbeiter)* ... 150 Millionen Dollar Jahresumsatz ... Abstreiten, rundweg abstreiten ... Der Idiot wollte, dass wir eine Gegendarstellung erwirken. Eine Gegendarstellung kommt natürlich absolut nicht in Frage, aber wenn sich die Sache nicht beruhigt, können wir eine Presseerklärung rausgeben, à la, das ist das reinste Störfeuer, jetzt, zwei Wochen vor der Aktionärshauptversammlung ... Er ruft mich gleich zurück ... Okay."

Sachinhalt	Selbstoffenbarung

Beziehung	Appell

B „Madame, unser Sohn ist ein Wilder. Es ist illusorisch, von ihm spontane Reue zu erwarten. Gut, tut mir leid, aber ich muss in die Kanzlei zurück. Annette, du bleibst hier, Sie werden mir erzählen, was Sie beschlossen haben, ich bin hier sowieso überflüssig. Die Frau denkt, der Mann muss dabei sein, der Vater, als wäre das zu etwas nutze. Der Mann ist nur ein Päckchen, das man mit sich herumschleppt, prompt steht er im Weg und ist ungeschickt […].“

Sachinhalt	Selbstoffenbarung

Beziehung	Appell

C „Sie sind jung, das sind Jungs, schon immer haben sich Jungs in der großen Pause gegenseitig vertrimmt. Das ist das Gesetz des Lebens. […] Es braucht eine gewisse Lehrzeit, um Gewalt durch Recht ersetzen zu können. Ursprünglich, vergessen Sie das nicht, ursprünglich herrschte das Recht des Stärkeren. […] [I]ch glaube an den Gott des Gemetzels. Das ist der einzige Gott, der seit Anbeginn der Zeiten uneingeschränkt herrscht.“

Sachinhalt	Selbstoffenbarung

Beziehung	Appell

3 Werte deine Ergebnisse aus:

- Dominieren eine oder mehrere Ebenen (Seiten des Kommunikationsquadrates) der Kommunikation bei Alains Äußerungen? Wenn ja, welche?
- Halte fest, welche Charaktereigenschaften Alains durch die Selbstkundgabe deutlich werden.
- Halte auf der Basis der Ergebnisse zum Beziehungsaspekt seiner Äußerungen fest, was über Alains Beziehungen zu anderen Menschen deutlich wird.

4 Verfasse eine kurze Charakterisierung Alains.

Einen Sachtext für eine Präsentation erschließen

Ralf Gödde

28. Dezember 1886 – Erste funktionierende Spülmaschine patentiert

Geschirrberge sind für Josephine Cochrane ein Graus, aber ein ständiges Übel. Denn die reiche Politikergattin aus Illinois lädt gern zu großen Partys und Empfängen. Ihr Personal allerdings hantiert beim Spülen wenig zimperlich mit dem wertvollen Familienporzellan; regelmäßig gehen unersetzliche Tassen und Teller zu Bruch. Um 1880 hat Mrs. Cochrane die Nase voll und übernimmt selbst das Spülen - was als Dauerlösung für eine Lady natürlich nicht in Frage kommt.

Angeblich mit den Händen im Spülwasser kommt der 1839 geborenen Tochter eines Ingenieurs die richtige Idee: Sie biegt Drahtkörbe zurecht, entwirft eine ausgeklügelte Mechanik und baut gemeinsam mit dem Mechaniker George Buttler die erste funktionierende Geschirrspülmaschine. Am 28. Dezember 1886 meldet Josephine Cochrane ihre Erfindung zum Patent an.

Die Geschäftswelt reagiert skeptisch auf die monströse Maschine mit den Ausmaßen eines Kleiderschranks. Nur einige Hotels und Restaurants kann Cochrane vom Kauf eines der 800 Dollar teuren Geräte überzeugen. Den größten Triumph feiert sie auf der Weltausstellung 1893 in ihrer Heimatstadt Chicago. Für die beste mechanische Konstruktion wird ihr der erste Preis zuerkannt – genauer gesagt, einem Mr. Cochrane, denn als Frau war sie nicht zum Wettbewerb zugelassen worden.

Ermutigt durch die Auszeichnung gründet Josephine Cochrane ihre eigene Firma, doch die Käufer bleiben auf einen kleinen gewerblichen Kundenkreis beschränkt. Selbst im technikverrückten Amerika schafft die teure Maschine noch nicht den Einzug in die Haushalte. Schließlich verkauft Josephine Cochrane ihre Firma an ein Unternehmen in Ohio. Am 3. August 1913 stirbt die Erfinderin der Geschirrspülmaschine im Alter von 74 Jahren.

Wenige Jahre später bereist ein junger Mann aus Herzebrock bei Gütersloh die Vereinigten Staaten.

Zurück in der Heimat berichtet er seinem Vater Reinhard Zinkann und dessen Kompagnon Carl Miele von den technischen Errungenschaften der Neuen Welt. Die beiden bauen seit langem erfolgreich Milchzentrifugen und Elektromotoren, Butter- und Waschmaschinen. Interessiert lauschen sie den Berichten von Zinkann junior und erfahren so vermutlich von Josephine Cochranes Erfindung. 1929 bringt Miele die erste Geschirrspülmaschine Europas auf den Markt.

Das „Modell A“ fällt bedeutend kleiner aus als das US-Vorbild. Der runde Bottich wird durch eine Klappe von oben befüllt und sieht aus wie ein Einwecktopf mit Motor und vier Beinen. Doch trotz seiner haushaltstauglichen Maße bleibt auch der Miele-Geschirrspüler noch ein unerschwinglicher Luxusartikel. Nach kurzer Zeit stellt Miele die Produktion ein. Erst Ende der 50er Jahre startet die Industrie einen neuen Versuch, den Verbrauchern die elektrische Spülhilfe mit viel Werbeaufwand schmackhaft zu machen.

1960 kommt die erste vollautomatische Spülmaschine mit rotierenden Sprüharmen auf den Markt. „Wenn Vater spülen müsste, wäre noch heute eine Miele im Haus“, preist das Gütersloher Unternehmen sein Gerät in der Werbung an. Doch etliche Mängel in Sachen Reinlichkeit und Energieverbrauch müssen die Ingenieure der Spülmaschine noch abgewöhnen. „Bis in die 90er Jahre herrschte die Meinung vor, Handspülen sei effektiver, sparsamer und auch viel besser“, weiß Gereon Broll, Ökotrophologe an der Universität Bonn.

Inzwischen aber habe die Technologie enorme Fortschritte gemacht, urteilt der Experte für Haushaltstechnik. Dank modernster Elektronik schaffe es auch der beste Handspüler nicht mehr, mit einen vergleichbaren Wasser- und Energieverbrauch zu spülen. Deshalb rät Broll: „Lieber die Spülmaschine auch mal nicht ganz voll oder zweimal hintereinander laufen lassen. Die kann das viel ressourcenschonender, als wir das von Hand können.“

1 Lies den Artikel von Ralf Gödde und fasse in einem Satz zusammen, worum es in dem Artikel geht.

2 Überlege, welche Punkte zum Thema des Artikels für dich interessant sein könnten. Notiere dazu fünf Fragen.

3 Lies den Text ein zweites Mal und unterstreiche die wichtigsten Informationen. Markiere anschließend die Informationen, die dabei helfen, deine Fragen aus Aufgabe 2 zu beantworten, jeweils mit einer eigenen Farbe.

4 Teile den Text in Sinnabschnitte ein und finde zu jedem Abschnitt eine passende Überschrift, die den Hauptgedanken treffend zusammenfasst.

Sinnabschnitt	Überschrift
Z. 1–	

5 Fertige zur Erfindung der Spülmaschine eine Concept Map an, indem du die Informationen aus dem Sachtext strukturiert darstellst. Beziehe dabei auch deine Ergebnisse und Aufzeichnungen aus den Aufgaben 3 und 4 ein.

Die Erfindung der Spülmaschine und ihre Auswirkungen

6 Überlege dir, wie du das Thema „Die Erfindung der Spülmaschine und ihre Auswirkungen" in einem Kurzreferat präsentieren würdest. Formuliere dazu eine Einleitung, die neugierig macht und deine Zuhörerinnen und Zuhörer für das Thema begeistert.

Einen Vortrag planen und durchführen

Das Bürgerliche Gesetzbuch (BGB), das 1896 vom Reichstag verabschiedet worden ist und im Jahr 1900 in Kraft getreten ist, bildet die Grundlage für alle gerichtlichen Entscheidungen, die die Beziehungen verschiedener BürgerInnen zueinander betreffen. Es besteht aus fünf Teilen: Allgemeiner Teil, Schuldrecht, Sachrecht, Ehe- und Familienrecht und Erbrecht. Somit beschäftigt es sich in gleicher Weise mit der Frage, wann eine Ehe geschieden werden kann, wem eine Sache gehört oder wie Vermögensfragen im Todesfall zu regeln sind. Das BGB wird dabei durch den Gesetzgeber ständig überprüft und an aktuelle Gegebenheiten angepasst.

1 Lies die obenstehende Definition des BGB und kreuze die richtigen Antworten an.

- ☐ Das BGB ist seit über 100 Jahren unverändert, da es die Grundlage aller gerichtlichen Entscheidungen bildet.
- ☐ Das BGB ist ein umfassendes Gesetzbuch, das zahlreiche Themenfelder abdeckt, mit denen Menschen im Alltag zu tun haben.
- ☐ Das BGB regelt Probleme, die zwischen Bürger/-innen und dem Staat auftreten können.
- ☐ Das BGB besteht aus fünf Teilen, von denen Familienrecht ein Teil ist.

2 Erstelle mithilfe der folgenden Informationen eine Gliederung für ein Referat zur Einführung des Bürgerlichen Gesetzbuches, indem du die Informationen in die rechte Spalte der Tabelle einträgst.

- *1896: Reichstag verabschiedet das BGB*
- *umfassendes Gesetzbuch, das zahlreiche Themenfelder abdeckt, mit denen Menschen im Alltag zu tun haben (sogenanntes Privatrecht)*
- *Das BGB muss kontinuierlich überprüft und angepasst werden, um sich an den gesellschaftlichen Realitäten zu orientieren.*
- *Inzwischen gibt es das BGB in der 87. Auflage.*
- *besteht aus fünf Teilen: Allgemeiner Teil, Schuldrecht, Sachrecht, Ehe- und Familienrecht und Erbrecht*
- *1871: das deutsche Kaiserreich entsteht → es sollen überall in Deutschland die gleichen Gesetze gelten*
- *Während 1900 Vätern noch das Recht auf den Einsatz „angemessener Zuchtmittel" zugestanden wurde, sind „Entwürdigende Erziehungsmaßnahmen" seit 1979 unzulässig. 1998 wurde genauer erläutert, dass dies „insbesondere körperliche und seelische Misshandlungen" ausschließt. Seit 2000 sind körperliche Bestrafungen jeglicher Art verboten.*
- *Neben dem Privatrecht wird meist noch in die Bereiche Öffentliches Recht, Strafrecht und Verfassungsrecht unterteilt, die im BGB jeweils keine Rolle spielen*
- *1900: BGB tritt in Kraft*

Abschnitt	Teilaspekt	Wichtige Informationen
Einleitung		
Hauptteil		
Schluss		

3 Gib den verschiedenen Teilaspekten des Hauptteils jeweils einen passenden Titel und trage diesen in die mittlere Spalte ein.

4 Kreuze an, welche der folgenden Aussagen auf einen guten Schluss eines Referats zwingend (+), manchmal (o) oder gar nicht (–) zutreffen.

Ein guter Schluss ...	+	o	–
... schließt sinnvoll an den Hauptteil an.			
... fasst die wichtigsten Gedanken des Referats noch einmal knapp zusammen.			
... rundet das Referat ab, indem Bezug zum Beginn des Referats genommen wird.			
... nennt neue Gedanken, die im Hauptteil des Referats nicht genannt worden sind.			
... gibt einen Ausblick, indem Fragen aufgeworfen werden, die bei einer weiteren Auseinandersetzung mit der Thematik beantwortet werden könnten.			
... liefert Gedanken, über die gemeinsam mit dem Publikum diskutiert wird.			

5 Schreibe einen Schluss, der die wichtigsten Informationen in einem Fazit knapp bündelt, in dein Heft. Überlege dazu, welche Informationen deine Zuhörerinnen und Zuhörer unbedingt in Erinnerung behalten sollen.

Die Macht der Algorithmen erforschen

Streamingdienste haben dazu geführt, dass alle Arten von auditiven und audiovisuellen Produkten zu jeder Zeit und zumeist auch an jedem Ort konsumiert werden können. Aber welche Auswirkungen hat dieses scheinbar unbegrenzte Angebot auf das Verhalten der Nutzerinnen und Nutzer?

Thomas Kaspar

Netflix, Amazon Prime und Co.: Wie Streaming unser Verhalten ändert

Netflix hat nicht nur die Videotheken zerstört, dieser und andere Streamingdienste haben auch das Verhalten einer ganzen Generation von Internetnutzern komplett verändert. Vor der Zeit der Mediatheken und Internetangebote bedeutete ein Blockbuster: Menschenleere Straßen, am nächsten Tag erzählt jeder die Witze von Thomas Gottschalk aus „Wetten dass“ oder wie sie oder er den aktuellen Tatort fand. Seit die Sender nicht mehr als ARD, ZDF, RTL und Co. aus Kabel und Satellit auf den Fernseher kommen, sondern als Prime, DAZN oder Netflix auf Handy, Tablet oder Smart TV, gibt es in unserer Bewegtbildkultur keine große Erzählung mehr […]. Das gemeinsame Erlebnis, die gleiche kulturelle Erfahrung der Massenmedien wurde seit dem Aufkommen der Privatfernsehsender fragmentiert, mit dem Internet hat sie sich zum kollektiven Aufmerksamkeitsdefizitsyndrom weiterentwickelt. Wir schauen jeder für sich zu einem anderen Zeitpunkt etwas anderes. Und dank der neoliberalen Wirtschaftsmechanismen werden wir dabei immer ungeduldiger, wir wollen immer schneller, immer mehr mit immer stärkerem Reiz sehen.

Diese Verdichtung findet ihren Höhepunkt im „Binge Watching“, im schnellen Hintereinanderschauen aller Folgen einer Serie. Die Beschleunigung begann zwar schon mit der ersten Digitalisierung des Celluloids: DVD-Boxen mit allen Folgen von „Friends“ oder „Sex and the City“ waren ein beliebtes Weihnachtsgeschenk. Das Internet hat dem „Bingen“ aber noch einmal den Turbo eingebaut. Wir hasten durch die Serien, um noch früher enttäuscht sein zu dürfen, dass sie schon zu Ende sind.

Eine der wichtigsten Innovationen hat Netflix eingebracht: Dem Zuschauer zuhören. Immer. Überall. Die Soziologen und Psychologen des US-Fernsehangebots erhoben die Nutzerzentrierung dann zum Glaubensbekenntnis. Netflix weiß immer, was du wann wo wie lange schaust. Über eine spezielle App wird zudem ein repräsentativ ausgewählter Kreis an Fans gebeten, zu jedem Film und jeder Serie einige Fragen zu beantworten. Dadurch weiß Netflix auch, dass knapp zehn Prozent der Nutzer das Angebot im kleinsten Raum des Hauses, der Toilette, konsumieren. Oder wann eine Serie von wie viel Prozent abgebrochen wird. Diese Dauer-Optimierung kopieren inzwischen alle maßgeblichen Dienste.

Max Horkheimer[1] hat in seiner Kritik der Kulturindustrie die Streamingdienste noch nicht gekannt. Seine Analyse beschreibt die Kapitalisierung der Generation Always Online aber treffsicher. Es wird gemessen, was gut ankommt, und das wird immer wieder risikolos nachproduziert. In der Folge beklagen etwa die Autoren von Serien, dass inzwischen oftmals nur noch sechs Folgen einer Staffel angefordert und produziert werden. Erst nach dem erneuten Erfolg des Immergleichen wird entschieden, ob mehr produziert wird.

Netflix und Amazon Prime beschäftigen nicht umsonst Datenwissenschaftler, die als die besten ihres Fachs gelten. Sie erforschen Verhalten, bündeln ähn-

liche Muster und liefern passende Angebote entlang der Personalisierung der einzelnen Nutzer aus. Das funktioniert so gut, dass die Zuschauer, denen in ihren Profilen ähnliche Inhalte vorgeschlagen werden, manchmal das Gefühl haben, sie hätten die riesigen Mediatheken „leergeschaut“, und das, obwohl noch weitere hunderte bis tausende Filme zur Verfügung stehen.
Verschwunden ist aber unsere Neugier auf das Neue und die Ambiguitätstoleranz[2], die Fähigkeit, sich auf das nicht sofort erkennbar Interessante einzulassen. Eine große Verhaltensänderung hat die Dauerpersonalisierung bei der jüngsten Generation zur Folge. In den Nutzerlaboren zeigt sich, dass sich das Verhältnis zum eigenen Profil deutlich geändert hat. Noch vor zehn Jahren wurde ein gemeinsamer Zugang zu einem Musik- oder Filmdienst unhinterfragt geteilt und weitergegeben. Die Jüngsten der digitalen Generation reflektieren sehr explizit, dass ihr bisheriges Verhalten im Profil gespeichert ist. Wer heute mit anderen seine Zugänge teilt, muss ihnen sehr vertrauen, gibt er doch sehr viel über seinen Geschmack preis.
[...]

[1] Max Horkheimer (1895 – 1973): deutscher Philosoph, Begründer der sog. kritischen Theorie
[2] Toleranz gegenüber Zwei-, Mehr- oder Uneindeutigkeit

1 Lies den Textauszug sorgfältig durch und fasse die zentrale Aussage von Thomas Kaspar in zwei Sätzen zusammen.

2 Erläutere folgende Begriffe im Kontext des Textes:

a. Aufmerksamkeitsdefizitsysndrom (Z. 17/18)

b. Binge Watching (Z. 24/25)

c. Ambiguitätstoleranz (Z. 71)

3 Zu welchen Verhaltensänderungen führt nach Meinung von Kaspar das Streaming? Kreuze die richtigen Antworten an und belege deine Auswahl mit den entsprechenden Textstellen.

- ☐ a. Die gleiche kulturelle Erfahrung wird intensiv miteinander erlebt und diskutiert. Z. ______
- ☐ b. Es gibt in der Bewegtbilderkultur keine gemeinsame große Erzählung mehr. Z. ______
- ☐ c. Die Fähigkeit, sich auf etwas Neues beim Medienkonsum einzulassen, geht zurück. Z. ______
- ☐ d. Von neuen Serien werden direkt möglichst viele Folgen angefordert und produziert. Z. ______
- ☐ e. Das Streamingprofil von Musik- oder Filmanbietern wird seltener mit anderen geteilt. Z. ______

4 Suche dir eine richtige der obigen Thesen aus und nimm dazu begründet Stellung.

Meiner Meinung nach hat Thomas Kaspar mit seiner Aussage ______

______

recht/unrecht. Aus eigener Erfahrung ______

______

______.

Daher komme ich zu dem Schluss, ______

______

______

5 Reflektiere dein eigenes Verhalten beim Streamen. Teilst du deinen Streamingaccount mit Freund/-innen oder Familienmitgliedern? Notiere, mit wem du den Streamingaccount teilst und mit wem nicht. Begründe dein Verhalten. Erläutere auch, was dir beim Teilen deines Accounts unangenehm sein könnte, und begründe deine Haltung.

______

______

______

______

______

6 Stelle dir vor, du führst ein Interview mit dem Journalisten Thomas Kaspar zum Thema Streamingdienste. Formuliere fünf Fragen, die dich zu diesem Thema interessieren und die du ihm stellen würdest.

1.
2.
3.
4.
5.

7 Recherchiere zu deinen Fragen im Internet. Notiere stichwortartig, welche Antworten Kaspars denkbar wären.

1.
2.
3.
4.
5.

8 Verfasse das vollständige Interview in deinem Heft. Beginne dabei so:

Du: *Herr Kaspar, ich habe Ihren Artikel über Streamingdienste gelesen. Wie sind Sie auf das Thema gestoßen?*
…

Einen Songtext und ein Musikvideo untersuchen

Mark Forster

Sowieso

Ey stranges kleines Leben
Verläuft auf Seitenwegen
Ich such‘ die Mitte, doch
Mein Glück liegt meist daneben
So selten Flugrakete
Bin mehr so Zugverspätung
Doch die Ernte kommt immer
Mann, es ist gut gesät und
Ich hab‘ keinen Stress mit Warten
Geh' auch durch schlechte Phasen
Ich bin geduldig und
Nehme zum Schluss die besten Karten
Und fällt der Jenga-Turm
Egal, gibt eh Verlängerung
Halt neuer Plan dann
Ey Leben ist Veränderung

[Refrain:]
Egal was kommt, es wird gut, sowieso
Immer geht ‘ne neue Tür auf, irgendwo
Auch wenn‘s grad nicht so läuft, wie gewohnt
Egal, es wird gut, sowieso

Verrückte, bunte Reise
Mal Tinnitus und mal leise
Der Bizeps wächst vom Steuerrad-Rumgereiße
So selten fitte Planung
Bin mehr so dritte Mahnung
Doch immer sicher im Gemetzel
Dank der schicken Tarnung
Ich schätze Wegbegleiter
Auch wenn alles seine Zeit hat
Mal elf Freunde, dann
Doch „One on One“-Karate-Fighter
Und streikt der Sendeton
Bleibt immer die Erinnerung
Halt neuer Plan dann
Im Blick nach vorn steckt Linderung

[Refrain]

Mark Forster

1 Lies den Text des Songs „Sowieso“ von Mark Forster. Welche Aussage beschreibt deiner Meinung nach die Lebenseinstellung des lyrischen Ichs am besten? Kreuze an.

☐ a. Das lyrische Ich glaubt, dass man mit einer positiven Einstellung alles erreichen kann.

☐ b. Das lyrische Ich nimmt das Leben so, wie es kommt, weil es nicht daran glaubt, etwas ändern zu können.

☐ c. Das lyrische Ich glaubt, dass sich letztendlich im Leben alles zum Guten wendet, auch wenn man zwischendurch mal Probleme hat.

☐ d. Das lyrische Ich glaubt, dass im Leben immer alles schiefgeht, was man sich vornimmt.

2 Beschreibe knapp, wie du dir die Person vorstellst (Alter, Geschlecht, Äußeres).

____

____

____

3 Betrachte das Video zum Song „Sowieso“ und fasse die Geschichte, die im Video zu dem Song erzählt wird, in eigenen Worten zusammen.

Tipp

Dias Video findest du unter dem Webcode WES-69016-001 auf www.westermann.de/webcode

4 Untersuche an einem Ausschnitt des Videos, wie Songtext und die Handlung im Bild miteinander in Beziehung stehen. Beginne dafür an der Stelle kurz bevor zum ersten Mal der Refrain einsetzt und erfasse die einzelnen Einstellungen bis zum Ende des Refrains in einem Storyboard (Min. 0:43 bis 1:02).

Bild (Skizze)	Situation/Handlung im Bild	Songtext	Zeit
	Mann sitzt im parkenden Auto und schaut in den Rückspiegel	*Halt neuer Plan dann Ey Leben*	*0:43 – 0:45*

5 Beschreibe anhand des untersuchten Abschnitts, in welchem Verhältnis Text- und Bildebene in dem Video zueinander stehen.

Problemstellung und Schreibauftrag klären

Sollten Mädchen und Jungen im Deutschunterricht unterschiedliche Bücher lesen?

In der Klasse 10a wurden bei der Diskussion über die Klassenlektüre verschiedene Vorschläge geäußert, unter anderem dass Jungen und Mädchen im Deutschunterricht unterschiedliche Bücher lesen sollten, um ihren Interessen besser gerecht zu werden. Die Schülerinnen und Schüler verfassen nun einen Kommentar, in dem ihre Meinung deutlich wird. Eine Auswahl dieser Kommentare wird dann in dem Online-Magazin *Bewegt* der Medien-AG veröffentlicht.

Mädchen und Jungs lesen anders?!

Vorwissen aktivieren

1 Führe eine Umfrage durch, bei der du unterschiedliche Schülerinnen und Schüler der Jahrgangsstufe 10 bezüglich ihrer Lesevorlieben befragst. Verwende dazu die unten aufgeführten Fragen. Ergänze die Fragen.

Fragen	Antworten von	Antworten von	Antworten von
Was liest du gerade in deiner Freizeit?			
Welche Art von Büchern würdest du am ehesten lesen (z. B. Krimi, Liebesroman usw.)?			
Welches ist dein Lieblingsbuch?			
Welches Buch, das du in der Schule bisher gelesen hast, hat dir am besten gefallen?			

2 Liste auf, welche Bücher du in der Schule bisher gelesen hast. Begründe kurz, welche dir besonders gut oder überhaupt nicht gefallen haben.

Die Problemstellung klären

3 Beantworte die folgenden Fragen.

a. Was ist das Ziel des Kommentars?

b. Wer ist der Adressat und was bedeutet das für die Schreibplanung?

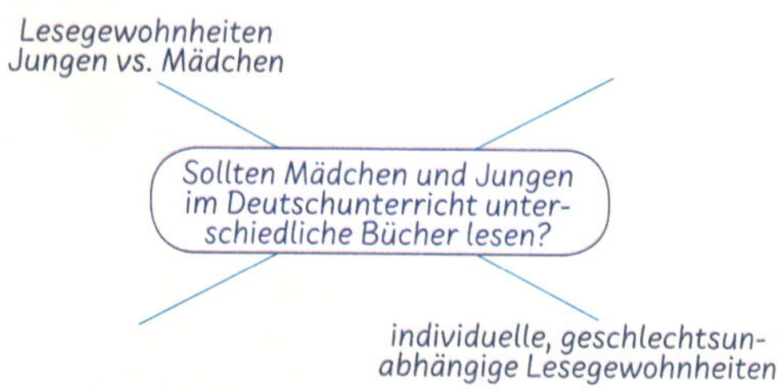

4 a) Welche Aspekte spielen bei der Frage „Sollten Mädchen und Jungen im Deutschunterricht unterschiedliche Bücher lesen?" eine Rolle und sollten in dem Kommentar beachtet werden? Lege in deinem Heft eine Mindmap an.

b) Formuliere nun Fragen, die sich eine Leserin bzw. ein Leser stellen könnte und die in eurem Kommentar beantwortet werden sollten. Ergänze diese Fragen in deiner Mindmap.

Die Textsorte des Kommentars

5 Kreuze an, welche Aussagen stimmen, und korrigiere die falschen.

☐ a. Die primäre Funktion eines Kommentars ist es, die Lesenden zu einem bestimmen Thema zu informieren.

☐ b. Ein Kommentar darf keinerlei informierenden Textteile beinhalten.

☐ c. Ein Kommentar ist ein Meinungstext.

☐ d. Es gibt den Argumentationskommentar, den Meinungskommentar und den Suggestivkommentar.

☐ e. Ein Kommentar ist sehr unsachlich geschrieben.

☐ f. In einem Kommentar kann mit Stilmitteln gearbeitet werden.

Material erschließen und eine Stoffsammlung anlegen

Die folgenden Materialien (M 1–M 5) liegen dir für deinen Kommentar vor. Ausgehend von diesen möchtest du deinen Kommentar schreiben.

1 Lege nun mithilfe der Materialien M 1–M 5 und deinen eigenen Ideen eine Stoffsammlung in deinem Heft an. Gehe dazu folgendermaßen vor:

a) Prüfe die Materialien auf deren Qualität hin und verwende nur zuverlässige Quellen.

b) Formuliere ausgehend von den Fragen aus Aufgabe 4 (S. 26) Oberthemen und sammele diese in einer Tabelle. Überprüfe dann beim Lesen der Materialien, welche Behauptungen, Begründungen und Beispiele sich für die einzelnen Themenbereiche finden lassen. Notiere diese in einer Tabelle oder einer Mindmap.

c) Ergänze ggf. Oberthemen, die du beim Lesen der Materialien findest und ebenfalls für wichtig oder interessant hältst.

d) Recherchiere ggf. im Internet, falls du zu einem deiner Oberthemen keine Informationen in den Materialien findest.

Tipp zu 1 c)

Bedenke: Welche Herausforderungen ergeben sich für den Deutschunterricht?

M 1

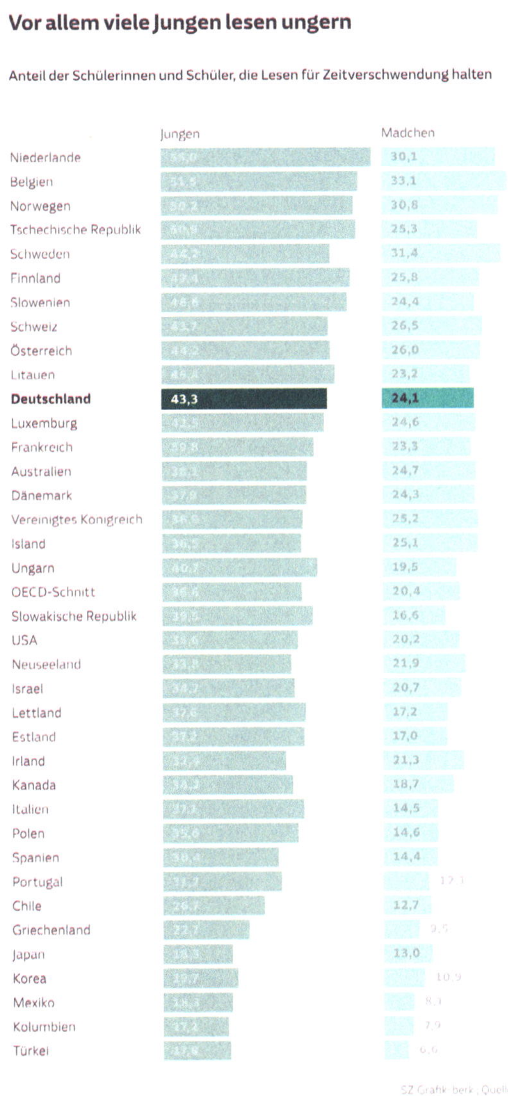

Elke Groß

M2

Gendersensible Leseförderung

Die PISA-Studien haben gezeigt, was ohnehin allen klar ist: Das Wort ist nicht nur in gesprochener Form eine Domäne des weiblichen Teils der Bevölkerung, sondern auch in gedruckter. Mädchen lesen in jedem Alter lieber und mehr als Buben.

Unterschiede zwischen den Lese- und Textverständnisfähigkeiten von Buben und Mädchen wurden in allen teilnehmenden Ländern festgestellt. In Österreich stimmt besonders eine Zahl nachdenklich: 80 Prozent der Kinder mit Lese- und Rechtschreibproblemen sind männlich.
Doch sieht man sich die Zahlen der PISA-Studie und auch anderer Studien wie zum Beispiel PIRLS genauer an, ergibt sich ein interessanter Aspekt: Das bessere Abschneiden der Mädchen verschwindet beinahe völlig, sobald Mädchen und Buben mit ähnlichem Interesse und vergleichbarer Freude ans Lesen herangehen. Die Geschlechterdifferenzen scheinen also mit der deutlich größeren Lesemotivation der Mädchen zusammenzuhängen, die in der Folge eine größere Lesepraxis und damit mehr Lesekompetenz nach sich zieht.
[...] Warum Mädchen lieber zu einem Buch greifen als Buben, hat sicher verschiedene Ursachen. Theorien dazu machen entweder Unterschiede in der Sozialisation (Stichwort „Feminisierung der Lesekultur"), biologische Geschlechtsunterschiede oder auch die Zunahme der visuellen Medien dafür verantwortlich. Ohne ein endgültiges Urteil zu fällen, kann man wohl von einem Mix aus diesen Komponenten ausgehen. Doch man muss sich gar nicht auf die Ursachendiskussion einlassen, sondern kann die statistischen Zahlen für sich sprechen lassen: Mädchen lesen lieber, mehr, anderes und anders als Buben. Sie haben eine höhere Affinität zu Medien, bei denen verbale Modi (Sprache und Schrift) im Vordergrund stehen und deren Inhalte sich durch lineare Lektüre erschließen. Sie bevorzugen narrative Texte. Buben haben eine höhere Affinität zu Bildmedien und Medienangeboten, bei denen visuelle Modi (Bilder, Comics) im Vordergrund stehen. Sie lesen häufiger Texte, deren Inhalte sich durch selektive, punktuelle Lektüre erschließen und bevorzugen informationsorientierte Texte.

[...] Eine gendersensible Leseförderung nimmt deshalb die Unterschiede und Ähnlichkeiten zwischen Mädchen und Buben ernst. Sie versucht nicht, die Unterschiede zu nivellieren oder zu zementieren, sondern auf die Ungleichheiten zwischen den Geschlechtern einzugehen und Handlungsmöglichkeiten zu schaffen und zu erweitern, die durch die oben genannten Ursachen eingeschränkt sind. Damit ergeben sich für die gendersensible Leseförderung zwei Fragen: Die erste befasst sich damit, wie man für Buben das Lesen attraktiv machen kann und wie man die Freude am Lesen bei ihnen weckt, und die zweite Frage thematisiert, wie man Mädchen an informatives Lesen heranführen kann.

Christine Garbe

M3

Mädchen lesen gern – JUNGEN AUCH?!

Fünf Achsen der Differenz
Für Leseforscher/-innen kamen die Ergebnisse von PISA und IGLU wenig überraschend: Alle Studien der letzten Jahrzehnte zu Leseverhalten und Mediennutzung verweisen darauf, dass die Unterschiede in puncto Lesen zwischen Mädchen und Jungen, Frauen und Männern erheblich sind. Die langfristig stabilen Geschlechterunterschiede beim Lesen lassen sich als „fünf Achsen der Differenz" beschreiben (vgl. Garbe 2007, 66 ff., Philipp/Garbe 2007):

1. Lesequantität: Jungen und Männer lesen seltener und kürzer, also quantitativ weniger als Mädchen und Frauen (vor allem im Bereich fiktionaler Lesestoffe).

2. Lesestoffe oder Lektürepräferenzen: Jungen und Männer lesen andere Bücher, andere Zeitschriften, Zeitungen und Textsorten im Internet als Mädchen und Frauen; sie bevorzugen Sach- und Fachbücher, im Bereich der Belletristik nur spezielle Genres (s. u.), in Zeitungen und Zeitschriften vor allem die Sparten Politik, Wirtschaft, Sport, Technik. Mädchen und Frauen lesen dagegen bevorzugt fiktionale Genres, z. B. Romane, Biografien oder Lektürestoffe mit Bezug zum eigenen Leben, z. B. Ratgeber-Literatur oder entsprechende Zeitschriften.

3. Lesemodalitäten: Jungen und Männer lesen anders als Mädchen und Frauen; den bevorzugten Genres entsprechend lesen sie eher sachbezogen und distanziert, während Mädchen und Frauen eher empathisch und emotional involviert lesen.

4. Lesefreude: Jungen und Männern bedeutet das Lesen weniger als Mädchen und Frauen; sie haben vor allem in der Freizeit oft andere Medienpräferenzen und Freizeitbeschäftigungen als das Lesen. Mädchen und Frauen geben es dagegen häufiger als eine der liebsten Freizeitbeschäftigungen an.

5. Lesekompetenz: Seit PISA ist bekannt, dass Jungen weniger kompetent lesen als Mädchen – und zwar in allen getesteten Staaten. Die Überlegenheit der Mädchen bezieht sich dabei besonders auf reine Schrifttexte (im Unterschied zu sog. „nichtkontinuierlichen Texten“, d. h. Kombinationen aus Schrift und Illustrationen, Diagrammen, Tabellen usw.) sowie auf die anspruchsvolleren Bereiche des Textverstehens (z. B. eine textbezogene Interpretation, Reflektieren und Bewerten von Texten).

Woher kommen die Unterschiede?

Die Vermutung, Mädchen und Jungen seien mit unterschiedlichen Genen oder Hirnstrukturen fürs Lesen ausgestattet, lässt sich nicht bestätigen. Eine umfassende Sichtung der neurowissenschaftlichen Forschungen zum Thema Gehirn und Gender verbietet eine Ausflucht in Genetik oder Evolutionsbiologie (vgl. www.sigrid-schmitz.de/publikationen/index.htm). Die verfügbaren Daten legen nahe, hier eher soziokulturelle Ursachen zu vermuten. Wie schon erwähnt, ist die Differenz in den Leseleistungen zwischen Mädchen und Jungen bei IGLU geringer. Selbst in der Gruppe der schwachen Leser ist bei den Viertklässlern das Geschlechterverhältnis ausgewogen, im Gegensatz zu PISA. Während es also der Grundschule gelingt, die Jungen in ihrer Lesekompetenz zu fördern, ist das in den Sekundarschulen offenbar nicht der Fall. Besonders gravierend ist jedoch der Rückgang der Lesemotivation zwischen den Zehnjährigen (der IGLU-Zielgruppe) und den Fünfzehnjährigen. In Deutschland nimmt die Lesefreude unter Jugendlichen im Durchschnitt deutlich stärker ab als in anderen OECD-Staaten, es spricht also vieles dafür, dass hier soziokulturelle und nicht genetische Ursachen maßgeblich sind. Wie wir aus vertiefenden Analysen zu PISA wissen, gibt es einen starken Zusammenhang zwischen Leseleistungen und Lesemotivation: Jungen mit gleich hoher Lesemotivation und einem aktiven Leseverhalten lesen genauso gut wie die Mädchen der Vergleichsgruppe. Daher liegt die Vermutung nahe, dass die unbefriedigenden Leseleistungen von Jungen mit ihrer mangelnden Lesepraxis und Lesemotivation zu tun haben. Diese „Lesefaulheit“ von Jungen hat nach bisherigem Forschungsstand (vgl. Garbe 2007; Philipp/Garbe 2007; Garbe 2008) vor allem zwei Ursachen:

Erstens wird Lesen, insbesondere das belletristische Freizeit- bzw. Bücherlesen, weithin als eine „weibliche“ kulturelle bzw. mediale Praxis wahrgenommen. In der Familie sind es meist die Mütter, die den Kindern vorlesen, im Kindergarten setzen weibliche Erzieher, in der Grundschule weibliche Lehrkräfte die literarische Sozialisation fort. In Bibliotheken, Buchhandlungen und Verlagen sind es in der Regel Frauen, die sich um das Lesen kümmern. Jungen bekommen also den Eindruck, dass Lesen für die Ausbildung einer männlichen Geschlechtsidentität wenig förderlich ist, und geraten spätestens am Ende der Kindheit in eine „Lesekrise“.

Zweitens kommt hinzu, dass auditive, audiovisuelle und digitale Medien attraktive Unterhaltung versprechen, die die Mühen des Lesens erspart. Vor allem Jungen wenden sich oft schon früh digitalen Angeboten zu und entwickeln somit in der Kindheit keine stabilen Lesegewohnheiten. Aus den Daten vieler Medienstudien kann man schlussfolgern, dass es bei den Mädchen eher eine ergänzende Nutzung von Printmedien, audiovisuellen und digitalen Medien gibt, bei vielen Jungen aber zunehmend eine Ersetzung der Printmedien durch Bildschirm-Medien stattfindet (vgl. Garbe 2003; 2008).

Lesen Jungs anders – als Mädchen? M4

Der erste Hinweis, wie es zum Unterschied im Leseverhalten kommt, stammt aus einer französischen Studie mit Grundschulkindern (Pansu et al. 2016). 80 Grundschulkinder bekamen die gleiche Aufgabe: Die Kinder mussten in vorgegebener Zeit möglichst viele Tiernamen in einer Wörterliste finden. Die Wissenschaftler verpackten die Aufgabe unterschiedlich: Mal als Lesetest, mal als Spiel aus einer Zeitschrift. **In der Spielsituation zeigte sich, dass männliche Probanden die Ergebnisse der weiblichen Probanden übertrafen.** Die Schlussfolgerung: Die Lesefähigkeit bei Jungen und Mädchen ist gleich, aber „lesen" ist situationsabhängig unterschiedlich besetzt. „Lesen können" ist eine Domäne der Mädchen, die Forscher vermuten einen demotivierenden Effekt der Prüfungs-Situation auf Jungen.
Dass „Mädchen lesen, Jungen nicht" ein kulturell vermitteltes Vorurteil ist, legt eine englische Studie (Picton/Clark 2015) nahe. Sie konnte zeigen, dass sich die Lese-Leistungen von Jungen mit E-Books verbessert als mit gedruckten Texten. Die Leseleistung stieg mit E-Books in etwa vier Monaten auf einen Wert, für den sie mit gedruckten Büchern acht Monate gebraucht hätten. Besonders aufschlussreich: Die Einstellung zum Lesen wandelte sich. Zu Beginn der Fördermaßnahmen fand es ein Drittel der Jungen „cool", am Ende fanden dies 2/3 der Jungen.
[...] Jungen lesen genau so gut wie Mädchen und es macht ihnen genau so viel Spaß. Das Problem ist, **dass „lesen" als Mädchensache gilt.** Mit E-Book-Readern wurde es für die Jungs attraktiver. Die Beschäftigung mit Elektronik hingegen gilt als Jungensache. Und damit sind E-Books „cool".
Die Ergebnisse der Studien legen nahe, dass Jungen eine andere Ansprache brauchen, damit sie gut lesen lernen.

Aus einem Internetforum: Leseverhalten von Jungen und Mädchen M5

Ich hab gerade diesen Artikel gelesen: http://www.sueddeutsche.de/wis...en-als-maedchen-1.2987499
Quintessenz: Jungen blockieren sich beim Lesen selbst, da Lesen weiblich konnotiert sei. Und die „Leselücke" in Deutschland sei besonders ausgeprägt.
Jetzt hab' ich hier drei Jungs, von denen zwei sehr gerne lesen (und der dritte es gerade erst lernt und deswegen aus der Umfrage rausfällt :D). Sprich, in meinem – statistisch absolut irrelevanten – Umfeld kann ich das nicht nachvollziehen.
Deswegen diese Umfrage: Bestätigt sich hier erstmal diese „Leselücke"? (Die Frage nach den Gründen kommt ja erst dann, wobei mich da auch eure Meinungen interessieren #ja)
(Ihr könnt einmal abstimmen – falls ich was vergessen habe/doof ausgedrückt/Denkfehler – sagt es mir :D).

Antwort:
Bei den beiden Großen hier im Haus verhält es sich umgekehrt: Er liest gerne, viel und schnell, außer es stehen Bildschirmgeräte (Computer, iPad, Smartphone) zur Verfügung. Von daher sind es auch meist dicke Taschenbücher und nicht mehr unbedingt Jugendliteratur. Gerade ist die Reihe von Patrick O'Brian (Vorlage für den Film „Master and Commander" nach und nach aus meinem Bücherregal verschwunden), alles was von Heinlein gerade neu aufgelegt wurde, hat er schon durch ...
Sie liest echt ungern und wenn, dann eher leichte Kost (Dork Diary etc.). Wobei ich befürchte, dass das mit einer Fehlsichtigkeit zusammenhängt, die erst in der 3. Klasse erkannt und behandelt wurde. Evtl. hat ihr das den Spaß am Lesen verdorben.

Den Kommentar planen und schreiben

1 a) Gehe deine Stoffsammlung (S. 27, Aufgabe 1) durch. Markiere die Argumente, die du für deinen Kommentar verwenden möchtest, in einer einheitlichen Farbe.

b) Streiche Dopplungen und Informationen, die du nicht verwenden möchtest.

c) Entscheide dich für eine sinnvolle Reihenfolge der einzelnen Argumente. Versieh die einzelnen Argumente mit der entsprechenden Zahl.

2 Erstelle eine Gliederung, die den Aufbau deines Kommentars abbildet.

Aufbau	Material	Inhalt
Überschrift	-/-	
Einleitung	interessanter Aufhänger	
	Thema	
Hauptteil	Argument 1	
	Argument 2	
	Argument 3	
	Argument 4	
	Argument 5	
Schluss	Fazit	
	ggf. Appell	

3 In einem Kommentar kann auch mit bildlicher Sprache gearbeitet werden. Untersuche, welche rhetorischen Mittel in den folgenden Beispielen verwendet werden und welche Funktion diese haben. Sammele diese in der Tabelle.

	Rhetorisches Mittel	Funktion
a. Die Motivation, zu lesen, kommt manchmal wie der Appetit beim Essen – sie kommt, wenn man anfängt.		
b. Spaß am Lesen macht müde Männer munter.		
c. Aus Leselust wird Lesefrust. Aus Lesefrust wird Leselust.		
d. Das wenigste, das man liest, kann man brauchen; aber das meiste, was man braucht, hat man gelesen. (Ernst R. Hauschka)		
e. Jungen sind gut in Mathe und Mädchen in Deutsch – wer glaubt denn noch sowas?!		
f. Lesen ist mehr als süße Langeweile.		

4 Verfasse eigene Sätze für deinen Kommentar, bei denen du bildliche Sprache verwendest.

5 Schreibe nun einen Kommentar (600–800 Wörter) unter Verwendung deiner Ergebnisse in dein Heft.

Ein literarisches Porträt schreiben

Die Klasse 10a des Bertolt-Brecht-Gymnasiums befasst sich im Rahmen der Projektwoche „Flucht aus der Heimat – Exilkünstler im Porträt" mit Exilautoren des 19. Jahrhunderts. Für den Projekttag ist eine Ausstellung im Klassenraum geplant. Eine Gruppe von Schülerinnen und Schülern hat bereits einige Informationen zu Georg Büchner gesammelt und bittet dich um Hilfe bei der Erstellung eines literarischen Porträts für einen Ausstellungskatalog. Der Text soll zwischen 400 und 500 Wörtern umfassen.

1 Gib kurz wieder, was die Aufgabenstellung von dir verlangt.

2 Überlege, was du bereits zu dem Thema „Autoren im Exil" weißt. Denke dabei vor allem an Fluchtursachen. Notiere auch mögliche Fragestellungen, die du im weiteren Verlauf beantworten möchtest.

3 Überfliege die Materialien M 1 – M 5 auf den folgenden Seiten und verschaffe dir einen Überblick über das Thema. Schreibe deinen ersten Eindruck in einem prägnanten Satz auf.

Hier ist Platz für deine Notizen:

M 1

Georg Büchner

* 17.10.1813 in Goddelau bei Darmstadt
+ 19.2.1837 in Zürich

Auch wenn uns Büchners Aussehen nicht durch Bilder bekannt wäre, könnten wir ihn uns ganz gut vorstellen, denn es gibt einen Steckbrief, der ihn beschreibt. Wie konnte es dazu kommen? Büchner, geboren in Goddelau im damaligen Großherzogtum Hessen-Darmstadt, stammte aus einer freiheitlich und demokratisch gesinnten Familie. Über seine politischen Ansichten als Schüler wissen wir nicht viel. Aber als er in Straßburg, wo er ab 1831 Medizin studierte, mit Gleichgesinnten zusammenkam und die Verhältnisse in seiner Heimat mit dem verhältnismäßig freien Frankreich vergleichen konnte, wurden seine Ansichten radikaler. Er hielt eine Veränderung der Lage in Deutschland für erforderlich, notfalls auch mit Gewalt. 1833 kehrte er nach Hessen zurück, um sein Studium abzuschließen. Nun kam es zur ersten politischen Aktion: Büchner gab mit seinem Freund Ludwig Weidig den *Hessischen Landboten* heraus, eine Flugschrift, die in scharfer Form mit den politischen Zuständen in Hessen abrechnete. Es folgten Durchsuchungen und Verhaftungen, Büchner wurde verhört, konnte aber fliehen und wurde nun steckbrieflich gesucht. Er hielt sich einige Zeit in Straßburg auf, arbeitete wissenschaftlich (über das Nervensystem der Fische) und wurde 1836 als Privatdozent an die Universität Zürich berufen. Dort erkrankte er an Typhus[1] und starb am 19. Februar 1837. Sein Ruhm als Schriftsteller beruht auf der Erzählung *Lenz* und den drei Dramen *Dantons Tod* (1835), *Leonce und Lena* (1836) und *Woyzeck* (1836/37), einem unvollendet gebliebenem [!] Werk. Danton, der ehemalige Radikale der Französischen Revolution, hat erkannt, dass die Schreckensherrschaft, von Robespierre[2] errichtet, der falsche Weg sei. Trotz des Drängens seiner Freunde unternimmt er nichts gegen Robespierre, sondern erwartet wie gelähmt den Tod unter dem Fallbeil. Büchner klagt nicht die Revolution an, sondern zeigt in Danton den Menschen in seiner Machtlosigkeit, der weiß, dass die Geschichte ihn und alle überrollen wird. Noch brutaler ist das, was mit Woyzeck geschieht: Hilflos muss er zusehen, wie ihm alles genommen wird, seine Menschenwürde und Marie, die Frau, die er liebt. In auswegloser Lage begeht er den Mord an Marie. In beiden Stücken griff Büchner auf die Wirklichkeit zurück, im *Danton* auf Geschichtsquellen, im *Woyzeck* auf Prozessakten, denn der Fall hatte sich tatsächlich zugetragen. In der Komödie *Leonce und Lena* verbirgt sich Verzweiflung hinter einem scheinbar leichten Ton.

[1] Typhus: durch ein Bakterium ausgelöste fieberhafte Infektionskrankheit, die oft mit niedriger Herzfrequenz und schweren Bewusstseinsstörungen einhergeht

[2] Maximilien de Robespierre (1758–1794): französischer Rechtsanwalt und einflussreicher Akteur der frühen französischen Revolution; als Begründer der „Schreckensherrschaft“ wurde er schließlich selbst hingerichtet

Hartmut von der Heyde

M 2

Georg Büchner – Kurzbiografie

B. entstammt einem gutbürgerlichen[1] Elternhaus, in dem viel Wert auf umfassende Bildung gelegt wurde. Zunächst bei seiner Mutter, später auf dem Gymnasium in Darmstadt spielten naturkundliche Studien, aber auch die Beschäftigung mit deutscher und antiker Literatur eine große Rolle. Schon aus dieser Zeit machen Schulaufsätze und Reden des Gymnasiasten B. sein aufkommendes Interesse an politischen und sozialen Verhältnissen deutlich.

Dem Vorbild seines Vaters entsprechend begann er 1831 das Studium der Medizin in Straßburg. Dort kam er in engeren Kontakt mit den neuen revolutionären politischen Vorstellungen, die seit der französischen Juli-Revolution 1830 natürlich gerade in dieser weltoffenen Universitätsstadt intensiv diskutiert wurden.

Die Rückkehr nach Deutschland an die Universität Gießen empfand B. als Einengung. Briefe an die Familie und die Verlobte M. Jaegeli zeigen seine intensive Auseinandersetzung mit politischen Fragen nur an, verbergen aber noch sein aktives Handeln, das erst im folgenden Jahr zu Tage tritt: 1834 gründete B. die Gießener Gesellschaft der Menschenrechte und verfasst die Flugschrift *Der Hessische Landbote*, die im Juli des Jahres wie eine Bombe in die etablierte feudale Gesellschaft[2] Deutschlands einschlug. Trotz der Anonymität der Schrift und B.s Warnungen wurden einige Mitglieder der Menschenrechtsgesellschaft verhaftet.

B. zog sich zunächst ins Elternhaus nach Darmstadt zurück, schrieb dort in kürzester Zeit das Schauspiel *Dantons Tod*, floh dann aber Anfang 1835 nach mehreren Versuchen, seine Freunde vor polizeilichen Verfolgungen zu warnen, nach Straßburg. Ein noch vorhandener polizeilicher Steckbrief dokumentiert, für wie gefährlich der nach dem Wiener Kongress[3] neu stabilisierte feudale Staat B. ansah.

Trotz weiterer literarischer Arbeiten [...] beendete er auch sein Medizinstudium mit dem Doktortitel der Universität Zürich. Dort erhielt er Ende 1836 eine Anstellung als Privatdozent. Er zog deshalb nach Zürich um und arbeitete neben seiner beruflichen Tätigkeit an dem Drama *Woyzeck*, das er jedoch nicht mehr ganz fertig stellen konnte. Wenige Wochen später starb B. an einer tödlichen Viruserkrankung.

[1] gutbürgerlich: Lebensweise, die bürgerlichen Tugenden wie Fleiß, Ordnung, Tugendhaftigkeit entspricht

[2] feudale Gesellschaft: Gesellschaftsform, in der vor allem Adlige tonangebend sind

[3] Wiener Kongress (1814–1815): Kongress unter Teilnahme zahlreicher europäischer Mächte, nachdem Napoleon besiegt worden war, auf dem eine weitgehende Wiederherstellung der Macht der Adligen beschlossen wurde

Hier ist Platz für deine Notizen:

Hier ist Platz für deine Notizen:

Steckbrief[1] vom 13. Juni 1835

M3

Der hierunter signalisierte Georg Büchner, Student der Medizin aus Darmstadt, hat sich der gerichtlichen Untersuchung seiner indicirten[2] Theilnahme an staatsverrätherischen Handlungen durch die Entfernung aus dem Vaterlande entzogen. Man ersucht deshalb die öffentlichen Behörden des In- und Auslandes, denselben im Betretungsfalle festnehmen und wohlverwahrt an die unterzeichnete Stelle abliefern zu lassen.

Darmstadt, den 13. Juni 1835
Der von Großh. Hess. Hofgericht der Provinz
Oberhessen bestellte Untersuchungs-Richter,
Hofgerichtsrath
Georgi

Personal-Beschreibung

Alter: 21 Jahre
Größe: 6 Schuh, 9 Zoll neuen Hessischen Maßes
Haare: blond
Stirne: sehr gewölbt
Augenbrauen: blond
Augen: grau
Nase: stark
Mund: klein
Bart: blond
Kinn: rund
Angesicht: oval
Gesichtsfarbe: frisch
Statur: kräftig, schlank
Besondere Kennzeichen: Kurzsichtigkeit

[1] Der Steckbrief ist in der originalen Rechtschreibung von 1835 dargestellt.
[2] indicirt: angezeigt, hier im Sinne von: gesichert

Georg Büchner

M4

Auszüge aus „Der Hessische Landbote“

Das Leben der Vornehmen ist ein langer Sonntag, sie wohnen in schönen Häusern, sie tragen zierliche Kleider, sie haben feiste[1] Gesichter und reden eine eigne Sprache; das Volk aber liegt vor ihnen wie Dünger auf dem Acker. Der Bauer geht hinter dem Pflug, der Vornehme aber geht hinter ihm [...], er nimmt das Korn und lässt ihm die Stoppeln[2]. Das Leben des Bauern ist ein langer Werktag; Fremde verzehren seine Äcker vor seinen Augen, sein Leib ist eine Schwiele, sein Schweiß ist das Salz auf dem Tische des Vornehmen. [...] Was ist denn nun das für gewaltiges Ding: der Staat? Wohnt eine Anzahl Menschen in einem Land und es sind Verordnungen oder Gesetze vorhanden, nach denen jeder sich richten muss, so sagt man, sie bilden einen Staat. Der Staat also sind alle; die Ordner im Staate sind die Gesetze, durch welche das Wohl aller gesichert wird, und die aus dem Wohl aller hervorgehen sollen.

[1] feiste: (unangenehm, widerlich) fett, dick
[2] Stoppeln: nach dem Mähen stehen gebliebener Rest des (Getreide-)Halms

Hier ist Platz für deine Notizen:

Ariane Martin

M5

Georg Büchner – ein Extremfall

„Große Hoffnungen ruhten auf ihm, und so reich war er mit Gaben ausgestattet, dass er selbst die kühnsten Erwartungen übertroffen haben würde.“ Dies schrieb Wilhelm Schulz am 28. Februar 1837 in seinem *Nekrolog*[1] über Georg Büchner, der mit ihm in Zürich in seinen letzten Wochen im selben Haus Wand an Wand gewohnt hatte. Von dem so früh verstorbenen Freund wäre noch viel zu erwarten gewesen. „Alle diese Hoffnungen knickte der Sturm“, der frühe Tod, so klagte ähnlich auch Karl Gutzkow, der publizistische Mentor Büchners, in seinem Nachruf *Ein Kind der neuen Zeit* vom Juni 1837. Gegenüber Wilhelmine Jaeglé, der Verlobten Büchners, äußerte Gutzkow, als er mit ihr am 30. August 1837 Kontakt aufnahm und ihr den Plan einer Nachlassedition eröffnete, dass Büchner „mitten, ja noch vor seinem Anlaufe zum Höchsten starb“. Tatsächlich konnte ein so junger Autor wie Büchner trotz seiner beachtlichen literarischen Produktivität noch nicht das Œuvre[2] vorgelegt haben, auf das Autoren zurückblicken können, die ein langes Leben gelebt haben. [...] Das überlieferte literarische Werk Büchners, drei Dramen und ein Prosatext, entstanden in der kurzen Frist von kaum drei Jahren, ist vom Umfang her eher schmal. Alles andere als begrenzt ist dagegen die ungewöhnlich breite Wirkung dieses Werks, die jedoch spät einsetzte. [...] Schon Gutzkow hatte Büchner als exemplarisches *Kind der neuen Zeit* gefeiert, wie sein Nachruf 1837 überschrieben war. [...]

Georg Büchner ist einem breiteren Lese- und Theaterpublikum bekannt. Er wird in der Schule gelesen und an der Universität. Seine Bedeutung ist unbestritten. Einer der renommiertesten Literaturpreise im deutschsprachigen Raum ist nach ihm benannt, der Georg-Büchner-Preis. Der Autor hat im 20. Jahrhundert eine produktive künstlerische Rezeption erfahren wie nur wenige Dichter seiner Zeit. Zahlreiche Schriftsteller haben sich von seinem Œuvre und seiner Person in ihrer literarischen Produktion inspirieren lassen, Büchner-Opern wurden komponiert, Filme gedreht, seine Werke in vielfältigen Interpretationen inszeniert, wobei seine Stücke national und international von den Spielplänen der Theater nicht wegzudenken sind. Allein die Fülle an literarischen Wirkungszeugnissen ist beeindruckend, die beständig weiter anwachsende Forschungsliteratur fast nicht mehr zu überblicken.

[1] Nekrolog: Nachruf auf eine verstorbene Person
[2] Œuvre: Gesamtwerk einer Künstlerin/eines Künstlers

4 Lies die Texte M 1 – M 5 aufmerksam durch.
a) Markiere Wörter und Begriffe, die dir unbekannt sind und kläre sie zunächst.
b) Markiere wichtige Passagen im Text.
c) Fasse den Inhalt in Stichpunkten am Rand zusammen.

5 Sichere deine Ergebnisse.
a) Übertrage deine Anmerkungen aus den Randspalten (Aufgabe 4 c) in die folgende Tabelle.
b) Übertrage ebenfalls direkte Zitate, die du nutzen möchtest, um dein literarisches Porträt anschaulicher zu gestalten.

Inhaltsaspekte	**Textbelege**
Aussehen:	
Familie:	
Studium:	

6 a) Vergleiche die Einträge mit deinen Fragen aus Aufgabe 2 (S. 33). Sind deine Fragen beantwortet? Recherchiere ggf. mithilfe des Internets weitere Antworten und ergänze sie in der Tabelle.
b) Wähle aus deinen Einträgen in der Tabelle Inhaltsaspekte aus, die du für besonders wichtig hältst. Markiere diese farbig, damit du mit ihnen weiterarbeiten kannst.

7 Wegmarker sind Formulierungen bzw. Formulierungsbausteine, die dir helfen, die verschiedenen Teile deines Textes zu planen. Ergänze die folgenden Wegmarker für deine Gliederung.

Aufbau	Wegmarker	Fundstelle
Überschrift	______	/
Einleitung	• *Georg Büchners Leben* ______ • *geboren am* ______ *in* ______ • ______	*M 1, M 2*
Hauptteil	*in jungen Jahren* • *Büchner stammt aus einer gutbürgerlichen Familie, in der …* • *Begeisterung für* ______ • *seine Eltern waren demokratisch und freiheitlich gesinnt …*	*M 2*
	erstes politisches Interesse • *bereits als Schüler …* • *Studium in Straßburg prägte Büchner maßgeblich …* • ______	
	Gießener Gesellschaft für Menschenrechte • *Hessischer Landbote* • *mit Aussagen wie* ______ • ______	*M 4 (Zitate)*
	Flucht und Exil • *„Der Hessische Landbote" schlägt in Deutschland hohe Wellen* • ______	*M 3 (Zitat)*
	Einschätzung durch seine Zeitgenossen • *euphorische Nachrufe sahen in Büchner den Boten einer neuen Zeit …* • *Karl Gutzkow* ______ • ______	*M 5 (Zitat)*
	Tod • *Büchner erkrankte* • ______	*M 1, M 2, M 5*
Schluss	*Büchners Bedeutung für die Gegenwart* • *auch heute noch von Bedeutung, da* ______ • *Theaterspielpläne weisen Büchner bis heute auf …* • ______	*M 5*

8 Bewerte die folgenden Textausschnitte (S. 40) aus literarischen Porträts über Georg Büchner hinsichtlich ihrer Anschaulichkeit. Trage die Nummerierungen auf der Skala ein.

überhaupt nicht gelungen ______ sehr gelungen

a. Georg Büchner stammte aus einer gutbürgerlichen Familie. Der Familie war Bildung sehr wichtig. Bereits als Schüler äußerte sich Büchner politisch. Als Student in Straßburg wurde Büchner dann noch politischer. Dort kam er mit den politischen Ideen der Juli-Revolution in Berührung. Vier Jahre später verfasste Georg Büchner seine Schrift „Der Hessische Landbote", in der er die feudale Gesellschaft in Deutschland kritisierte. Trotz seiner Tätigkeit als Schriftsteller beendet er auch sein Medizinstudium (vgl. M 2).

b. Georg Büchner entstammte einer liberal gesinnten gutbürgerlichen Familie, in der Bildung eine große Rolle spielte. Der junge Büchner befasste sich schon in seiner Kindheit mit der Natur und kam mit deutscher und antiker Literatur in Berührung (vgl. M 1, M 2). Beides muss großen Eindruck auf den Goddelauer gemacht haben, denn neben der Medizin sollte die Literatur den Fortgang von Büchners Leben maßgeblich bestimmen.

Als Schüler fiel Georg Büchner mit ersten Aufsätzen und Reden, an denen sein aufkommendes politisch-gesellschaftliches Interesse deutlich wurde, auf (vgl. M 2). Dieses Interesse verfolgte er während seines 1831 begonnenen Medizinstudiums in Straßburg weiter. Die historischen Umstände seiner Zeit gaben ihm alle Möglichkeit dazu. Die Diskussionen in der französischen Stadt waren von der im Vorjahr begonnenen Juli-Revolution in Paris geprägt. Büchner muss das offene Diskussionsklima genossen haben; als er 1833 nach Deutschland, genauer gesagt Gießen, zurückkehrte, um sein Studium zu beenden, empfand er die Umstände „als Einengung" (M 2). Kurz darauf gründete Büchner mit Gleichgesinnten eine Gesellschaft, die sich der Durchsetzung der Menschenrechte verschrieben hatte und veröffentliche die Flugschrift „Der Hessische Landbote" anonym im Jahr 1834 (vgl. M 1, M 2), in der die Herrschaft des Adels und die Unfreiheit der einfachen Bauern kritisiert wurde. Das Leben der Adligen sei „ein langer Sonntag", das der Bauern aber „ein langer Werktag" (M 4), so Büchner.

c. Das Aussehen von Georg Büchner ist nicht nur durch Bilder gut dokumentiert, sondern auch durch einen Steckbrief vom 13. Juni 1835. Beschrieben wird ein einundzwanzigjähriger, blonder „Student der Medizin aus Darmstadt" (M 3), dessen Gesichtsfarbe frisch und dessen Statur kräftig und gleichzeitig schlank gewesen sei. Als besonderes Kennzeichen ist seine „Kurzsichtigkeit" vermerkt. Als Gründe für die steckbriefliche Suche wird die „Theilnahme an staatsverrätherischen Handlungen" (M 3) angegeben. Gemeint ist damit sicherlich Büchners Mitgliedschaft in der „Gießener Gesellschaft der Menschenrechte", die der Autor 1834 mit Gleichgesinnten gründete. Zahlreiche Mitglieder wurden infolge der Veröffentlichung des „Landboten" – trotz Büchners Warnungen – verhaftet. Ihn selbst zog es nach einem Aufenthalt in seinem Elternhaus in Darmstadt erneut nach Straßburg (vgl. M 2). Die Reaktion der Herrscher macht deutlich, wie sehr man in Georg Büchner und seinen Schriften eine Bedrohung sah. In der Zeit des Wiener Kongresses setzten die Fürsten auf eine Wiederherstellung ihrer Macht und versuchten, die Einflüsse der Französischen Revolution in Europa zurückzudrängen (vgl. M 2). Büchners Ansichten, nach denen der Staat alle seien (vgl. M 4) und die Gesetze dazu dienten, dass „das Wohl aller gesichert wird" (M 4) stießen bei den Mächtigen auf Unverständnis. Der junge Student, der Veränderungen in deutschen Landen notfalls auch mit Gewalt erzwingen wollte (vgl. M 1), drohte zur Gefahr für die bestehende Ordnung zu werden.

d. Georg Büchners Aussehen ist durch einen Steckbrief aus dem Jahr 1835 gut beschrieben. Er war 21 Jahre alt, 6 Schuh und 9 Zoll groß, und blond. Seine Stirn war sehr gewölbt, die Augen grau, die Nase stark, der Mund klein, das Kinn rund und das Gesicht in ovaler Form. Außerdem hatte er eine frische Gesichtsfarbe, er war kräftig und schlank und litt unter Kurzsichtigkeit. Er war geflohen, weil er an staatsverräterischeren Handlungen beteiligt gewesen war (vgl. M 3). Weil er wegen seiner Schrift „Der Hessische Landbote" verfolgt wurde, floh er nach Straßburg. Die Flucht war notwendig geworden, weil Büchner die Adligen kritisierte, weshalb sie Angst hatten, dass andere Menschen seinem Beispiel folgten oder die Kritik, die er in seiner Schrift „Der Hessische Landbote" formuliert hatte, aufnehmen würden.

9 Schreibe nun mithilfe der Gliederung aus Aufgabe 7 (S. 39) ein literarisches Porträt über Georg Büchner. Achte dabei vor allem auf eine anschauliche Darstellung seiner Person.

Eine Szene analysieren

Für das Verfassen einer Szenenanalyse ist eine eingehende Untersuchung des Inhalts und der sprachlichen Form einer Theaterszene essenziell. Dabei betrachtest du insbesondere die Kommunikation der sprechenden Figuren. In diesem Teilkapitel wirst du deshalb die vorliegende Szene zunächst Schritt für Schritt analysieren, bevor du im nächsten Teilkapitel mithilfe deiner Untersuchungsergebnisse die Szenenanalyse verfasst und überarbeitest.

Bertolt Brecht, Der gute Mensch von Sezuan (Zwischenspiel zwischen Bild 6 und 7)

Wangs Forderung an die Götter

Shen Te hat sich im Laufe der Handlung in Sun, einen arbeitslosen Flieger, verliebt. Aus Liebe zu ihm gibt sie ihm Geld, das sie eigentlich für ihre Ladenmiete und den Einsatz für die Hilfsbedürftigen benötigt. Doch obwohl beide heiraten wollen und Shen Te schwanger ist, nutzt Sun sie nur aus. Shen Te erkennt, dass sie nicht lieben und gleichzeitig „gut sein“ kann. Sie ist ruiniert und muss ihren kleinen Tabakladen verkaufen. Von Shu Fu erhält Shen Te nach dem folgenden Zwischenspiel einen Blankoscheck, mit dem sie in der Rolle des Cousins Shui Ta eine Tabakfabrik kauft, in der er die Hilfsbedürftigen für sich arbeiten lässt. Shen Te verschwindet, nur noch Shui Ta agiert.

Wieder erscheinen dem Wasserverkäufer im Traum die Götter. Er ist über einem großen Buch eingeschlafen. Musik.

Wang: Gut, dass ihr kommt, Erleuchtete! Gestattet eine Frage, die mich tief beunruhigt. In der zerfallenen Hütte eines Priesters, der weggezogen und Hilfsarbeiter in der Zementfabrik geworden ist, fand ich ein Buch, und darin entdeckte ich eine merkwürdige Stelle. Ich möchte sie unbedingt vorlesen. Hier ist sie.

Er blättert mit der Linken in einem imaginären Buch, über dem Buch, das er im Schoß hat, und hebt dieses imaginäre Buch zum Lesen hoch, während das richtige liegenbleibt.

Wang: „In Sung ist ein Platz namens Dornhain. Dort gedeihen Katalpen, Zypressen und Maulbeerbäume. Die Bäume nun, die ein oder zwei Spannen im Umfang haben, die werden abgehauen von den Leuten, die Stäbe für ihre Hundekäfige wollen. Die drei, vier Fuß im Umfang haben, werden abgehauen von den vornehmen und reichen Familien, die Bretter suchen für ihre Särge. Die mit sieben, acht Fuß Umfang werden abgehauen von denen, die nach Balken suchen für ihre Luxusvillen. So erreichen sie alle nicht ihrer Jahre Zahl, sondern gehen auf halbem Wege zugrunde durch Säge und Axt. Das ist das Leiden der Brauchbarkeit.“

Der dritte Gott: Aber da wäre ja der Unnützeste der Beste.

Wang: Nein, nur der Glücklichste. Der Schlechteste ist der Glücklichste.

Sprachhandlungen und Argumente

1. Wangs Nacherzählung des Gleichnisses

Sprachhandlungen und Argumente

Der erste Gott: Was doch alles geschrieben wird!

Der erste Gott: Warum bewegt dich dieses Gleichnis so tief, Wasserverkäufer?

Wang: Shen Te's wegen, Erleuchteter! Sie ist in ihrer Liebe gescheitert, weil sie die Gebote der Nächstenliebe befolgte. Vielleicht ist sie wirklich zu gut für diese Welt, Erleuchtete!

Der erste Gott: Unsinn! Du schwacher, elender Mensch! Die Läuse und die Zweifel haben dich halb aufgefressen, scheint es.

Wang: Sicher, Erleuchteter! Entschuldige! Ich dachte nur, Ihr könntet vielleicht eingreifen.

Der erste Gott: Ganz unmöglich. Unser Freund hier – *er zeigt auf den dritten Gott, der ein blau geschlagenes Auge hat* – hat erst gestern in einen Streit eingegriffen, du siehst die Folgen.

Wang: Aber der Vetter musste schon wieder gerufen werden. Er ist ein ungemein geschickter Mensch, ich habe es am eigenen Leib erfahren, jedoch auch er konnte nichts ausrichten. Der Laden scheint schon verloren.

Der dritte Gott *beunruhigt:* Vielleicht sollten wir doch helfen?

Der erste Gott: Ich bin der Ansicht, dass sie sich selber helfen muss.

Der zweite Gott *streng:* Je schlimmer seine Lage ist, als desto besser zeigt sich der gute Mensch. Leid läutert!

Der erste Gott: Wir setzen unsere ganze Hoffnung auf sie.

Der dritte Gott: Es steht nicht zum besten mit unserer Suche. Wir finden hier und da gute Anläufe, erfreuliche Vorsätze, viele hohe Prinzipien, aber das alles macht ja kaum einen guten Menschen aus. Wenn wir halbwegs gute Menschen treffen, leben sie nicht menschenwürdig. *Vertraulich:* Mit dem Nachtlager steht es besonders schlimm. Du kannst an den Strohhalmen, die an uns kleben, sehen, wo wir unsere Nächte zubringen.

Wang: Nur eines, könntet ihr dann nicht wenigstens ...

Der Götter: Nichts. – Wir sind nur Betrachtende. – Wir glauben fest, dass unser guter Mensch sich zurechtfinden wird auf der dunklen Erde, – Seine Kraft wird wachsen mit der Bürde. – Warte nur ab, Wasserverkäufer, und du wirst erleben, alles nimmt ein gutes ...

Die Gestalten der Götter sind immer blasser, ihre Stimmen immer leiser geworden. Nun entschwinden sie, und die Stimmen hören auf.

Aufgabe: Analysiere und interpretiere die vorliegende Szene inhaltlich und sprachlich mit Blick auf die Funktion der Götter für die Dramenhandlung. Analysiere darüber hinaus, inwiefern das Zwischenspiel für sich genommen der Konzeption des epischen Theaters folgt.

1 Analysiere die Aufgabenstellung und notiere in Stichworten, was von dir verlangt wird.
a) Welche Teilaufgaben sollen bearbeitet werden?
b) Welche Aspekte sollen im Einzelnen untersucht werden?

a)

b)

2 Lies den vorliegenden Auszug aus Brechts „Der gute Mensch von Sezuan“. Kreuze anschließend an, welche Aussagen über den Inhalt der Szene zutreffen und welche nicht.

	✓	✗
a. Wang fordert die Götter auf, Shen Te zu helfen, was diese ablehnen.	○	○
b. Die Götter sind der Meinung, dass der Mensch schwach und dumm sei.	○	○
c. Das Gleichnis vom „Leiden der Brauchbarkeit“ zeigt, dass jenes, was sich als gut und nützlich (= brauchbar) erweist, überfordert oder ausgenutzt wird.	○	○
d. Die Götter behaupten, dass der Mensch an seinen Belastungen und seinem Leid wachse.	○	○
e. Nach dem Gleichnis vom „Leiden der Brauchbarkeit“ ist der beste Mensch der Glücklichste.	○	○

3 Ordne die Szene in den Gesamtzusammenhang des Dramas ein.
- Fasse den Inhalt der Szene kurz zusammen.
- Notiere stichpunktartig die vorhergehenden und nachfolgenden Ereignisse mithilfe des Zusatztextes vor der Szene.
- Kläre abschließend die Bedeutung der Szene für das gesamte Drama.

4 Beschreibe in der Tabelle stichwortartig den formalen Aufbau der Szene.

Formaler Aufbau der Szene	
Umfang der Szene	
Ort und Zeit der Handlung	
beteiligte Figuren	
Besonderheiten wie Regieeffekte, längere Monologe ...	

5 Untersuche den Dialog zwischen Wang und den Göttern am Text genauer.

a) Gliedere die Szene in Sinnabschnitte. Fasse für jeden Abschnitt den Inhalt und den Gesprächsverlauf, also Sprachhandlungen und Argumente von Wang und den drei Göttern, knapp zusammen. Nutze dafür den Platz neben dem Text.

b) Beschreibe und charakterisiere die Szene sprachlich und gib die Textstellen an. Nutze dafür die vorgegebenen Textbausteine.
- Bestimme die Art des Gesprächs und das Gesprächsverhalten in der Szene.
- Bestimme sprachliche bzw. stilistische Besonderheiten (Wortwahl, Satzbau, persönliche Eigenarten). Belege deine Ergebnisse am Text.

Unterhaltung/Besprechung/Berichterstattung/Streitgespräch,
informieren/überzeugen/überreden/zum Ausdruck bringen/erreichen,
dominiert/geleitet/gesteuert,
dominant/„auf Augenhöhe"/unterordnend/unhöflich/aggressiv/ausgleichend,
hoher/niedriger Redeanteil

Tipp

Die Sinnabschnitte geben jeweils einen neuen Gedanken im Szenenverlauf wieder. Man erkennt sie anhand eines Figuren-, Gesprächsthemen-, Sprach- oder Situationswechsels und/oder eines Stimmungs- oder Gefühlsumschwungs.

6 Beurteile das Verhalten der Götter in der Szene und erläutere ihre Funktion für die Dramenhandlung. Belege deine Ergebnisse am Text.

7 **Beantwortung der Zusatzfrage:** Analysiere, inwiefern das Zwischenspiel für sich genommen der Konzeption des epischen Theaters folgt. Belege deine Ergebnisse am Text.

Eine Szenenanalyse verfassen und überarbeiten

1 Ordne deine Untersuchungsergebnisse aus dem vorherigen Teilkapitel. Ergänze hierfür den folgenden Schreibplan. Belege deine Ergebnisse mit Textstellen.

	Aufbau	Inhalt und Textstellen
Einleitung	Textart, Titel, Autor/-in, Erscheinungsjahr, Szene, Figuren, Thema, Aufgabenstellung	*Das Drama „Der gute Mensch von Sezuan" von Bertolt Brecht, das im Jahr 1943 in Zürich uraufgeführt wurde, …*
Hauptteil	Inhaltsangabe und Einordnung in den Handlungszusammenhang	
	Formaler Aufbau der Szene (Umfang, Ort und Zeit der Handlung …)	
	Art, Inhalt und Aufbau des Gesprächs Figuren(-konstellation) und Kommunikationsverhalten Sprache	

Schluss	Zusammenfassung der Ergebnisse, Bedeutung der Szene für das Drama, Beantwortung der Zusatzfrage

2 Schreibe die Szenenanalyse auf der Grundlage deines Schreibplanes in dein Heft. Berücksichtige dabei den Gesprächsverlauf, das Gesprächsverhalten der Figuren und das Gesprächsergebnis.

3 Wenn du die Möglichkeit hast, tausche deine Szenenanalyse mit einer Lernpartnerin oder einem Lernpartner. Mithilfe der Checkliste kann sie oder er bewerten, was dir schon gut gelungen ist und was du noch einmal überarbeiten solltest. Du kannst deinen Text auch selbst mithilfe der Checkliste überarbeiten.

Checkliste: Eine Szenenanalyse schreiben	☺	😐	☹
Ist die **Einleitung** vollständig (Textart, Titel, Autor/-in, Erscheinungsjahr, Szene, Figuren, Thema, Aufgabenstellung)?			
Hast du im **Hauptteil die wichtigsten Untersuchungsergebnisse dargestellt und mit sinnvollen Zitaten belegt?** Wird richtig zitiert?			
Kurze **Zusammenfassung des Inhalts, Einordnung der Szene in den Handlungszusammenhang?**			
Darstellung des **formalen Aufbaus** der Szene?			
Beschreibung von **Art, Inhalt und Aufbau des Gesprächs, der Figuren(konstellation), der Sprache und des Kommunikationsverhaltens?**			
Werden die **Zusammenhänge** der **Untersuchungsergebnisse** durch passende Satzverknüpfungen und Satzanfänge **deutlich?** Verwendest du einen korrekten und abwechslungsreichen Satzbau sowie angemessene Verknüpfungen?			
Hast du die Szenenanalyse **sachlich, präzise** und in **eigenen Worten** formuliert? Verwendest du genaue und treffende Begriffe?			
Hast du die Zeitform **Präsens** verwendet?			
Hast du im Schluss **deine Untersuchungsergebnisse** noch einmal zusammengefasst und die Zusatzfrage beantwortet?			
Hast du die **Szenenanalyse in einem zusammenhängenden Text** verfasst und die Teilschritte der Analyse durch **Absätze** voneinander getrennt?			
Sind **Rechtschreibung, Zeichensetzung und Grammatik** korrekt?			

Literarische Symbole in Gedichten entdecken und analysieren

Selma Meerbaum-Eisinger, geboren 1924 in Czernowitz, war jüdischen Glaubens und wurde von den Nationalsozialisten verfolgt. Sie starb 1942 in einem Arbeitslager. Sie begann mit 15 Jahren, Gedichte zu schreiben, die sich mit ihrer Liebe zu dem ein Jahr älteren Leiser Fichman beschäftigen, der – anders als sie – aus Czernowitz nach Palästina fliehen wollte. 57 dieser Texte haben die nationalsozialistischen Gräuel überdauert. Zentrales Thema ist immer wieder die Sehnsucht.

Hier ist Platz für deine Notizen zu Aufgabe 1:

Hier ist Platz für deine Notizen zu Aufgabe 3:

Selma Meerbaum-Eisinger

Sehnsuchtslied (1941)

Leise schlägst in deinem Lied du einen Ton an –
und dir ist, als fehlte noch etwas.
Und du suchst verwirrt bei allen Tönen,
ob sie dir nicht sagen können,
wo's zu finden, wo und wie und wann ...
Doch der eine ist zu blass
und zu lüstern[1] ist der zweite
und der dritte ist so voll mit Weite –
viel zu voll.

Du suchst lange – Moll und Dur und Moll
werden lebend unter deinen Händen.
Und dann schlägst du plötzlich eine Taste an,
und – es kommt kein Ton.
Und das Schweigen ist dir wie ein dumpfer Hohn[2],
denn du weißt es plötzlich ganz genau:
Dieser fehlt dir. Wenn ihn deine Hände fänden,
fiele ab von deinem Lied der Bann[3],
wär' das Ende nicht mehr leer und grau.

Und du rührst und rührst die Taste –
fragst dich, wo hier wohl die Hemmung liegt,
suchst, ob nicht doch deiner Hände Weiche siegt,
deine Augen betteln voll Verlangen.
Kein Ton kommt. Einsamkeit bleibt nun zu Gaste
in dem Lied, das dir so schwer und süß gereift.
Um den ungespielten Ton wirst du nun ewig bangen,
bangen um das Glück, das dich nur leicht gestreift
in den leisen Nächten, wenn der Mond dich wiegt
und die Stille deine Tränen nicht begreift.

[1] lüstern: *hier* von sexuellem Verlangen erfüllt
[2] Hohn: verletzender Spott
[3] Bann: *hier* Ausschluss, Lähmung

1 Fasse im linken Schreibfeld den Inhalt des Gedichts strophenweise zusammen. Löse dabei die literarischen Bilder nicht auf.

2 Bestimme das zentrale Symbol des Gedichts sowie seine einzelnen Elemente und den jeweiligen Inhalt, auf den damit verwiesen wird. Beachte, dass ein Symbol auch in verschiedene einzelne Elemente gegliedert sein kann.

Symbol	Inhalt

3 Schreibe eine erneute Inhaltszusammenfassung des Gedichts, in der du die literarischen Bilder auflöst. Gehe wieder strophenweise vor und nutze das rechte Schreibfeld neben dem Gedicht.

4 Welche Wirkung hat ein Symbol in einem literarischen Text? Vergleiche die beiden Inhaltszusammenfassungen in Bezug auf die dadurch ausgedrückte Stimmung sowie die Wirkung auf den Leser oder die Leserin. Schreibe in dein Heft.

5 Untersuche das Verhältnis des lyrischen Ichs zum lyrischen Du im Gedicht. Kreuze die Antwort an, die deiner Meinung nach am passendsten dieses Verhältnis beschreibt.

- ☐ a. Das Ich erläutert dem Du, wie eine unerfüllte Liebe sich anfühlt und gibt indirekt einen Lebensratschlag.
- ☐ b. Das Ich schreibt nur vorgeblich an ein Du, spricht aber letztlich über seine eigenen Empfindungen.
- ☐ c. Das Ich versetzt sich in das Du und versucht, dessen Problemlage nachzuempfinden.

Begründe mithilfe von Textaussagen, für welche Antwort du dich entschieden hast. Beziehe abschließend auch die Informationen über Selma Meerbaum-Eisinger in deine Überlegungen ein. Kann man Autorin und lyrisches Ich uneingeschränkt gleichsetzen?

Tipp

Falls dich die Lyrikerin interessiert, kannst du weiter über sie recherchieren, z. B. auf der Internetseite der Holocaust-Gedenkstätte Yad Vashem.

Stereotype in Gedichten erkennen und analysieren

Ulla Hahn, eine der bekanntesten deutschsprachigen Lyrikerinnen der Gegenwart, thematisiert in ihrem Gedicht „Gibt es eine weibliche Ästhetik" von 1981, das sie 2011 um das Gedicht „Gibt es eine männliche Ästhetik" ergänzt, männliche und weibliche Rollenzuschreibungen der Gesellschaft. Diese kannst du hier nun untersuchen.

Ulla Hahn

Gibt es eine weibliche Ästhetik[1] (1981)

Ich sehe deine Augen
mit den hängenden
Lidern am Kinn
Fettfalten die Stirn
gefurcht deine
dünnen spitzen
Ohren überm fahlen
Haar die
kahle Stelle
am Hinterkopf ich
denke du bist
von allen Männern
der schönste.

[1] Ästhetik: Lehre vom Schönen

1 a) Gliedere das Gedicht neu, indem du Längsstriche dort einfügst, wo ein Gedanke abgeschlossen ist und ein neuer Aspekt benannt wird. Markiere im Gedicht auch die Abgrenzung großer gedanklicher Abschnitte mit einem Doppelstrich. Du brauchst dich nicht an den Zeilenumbrüchen der Gedichtvorlage zu orientieren.

b) Beschreibe in wenigen Sätzen die literarische Technik, wie sie dir hier entgegentritt. Schlussfolgere, welche Wirkung dadurch beim Lesen erzeugt wird.

2 Vergleiche die Beschreibung des Aussehens des lyrischen Du mit den typischen Schönheitsvorstellungen unserer Gesellschaft, indem du die nachfolgende Tabelle ausfüllst. Formuliere in der letzten Spalte eine zusammenfassende Schlussfolgerung, wie sich die Realität der Beziehung und die ästhetische Idealvorstellung zueinander verhalten.

Beschreibung im Gedicht	ästhetisches Ideal der Gesellschaft
„Augen mit den hängenden Lidern" (Z. 1–3)	
→ Die beschriebene Person im Gedicht …	

3 Markiere im Gedicht die Prädikate farbig. Erläutere davon ausgehend die letzten Zeilen des Gedichts und formuliere insbesondere eine Deutung des letzten Wortes.

4 Wie wird im Gedicht die Beschreibung der Paarbeziehung gestaltet und wie werden Stereotype dabei eingesetzt? Welche Aussage über unsere Gesellschaft wird damit getroffen? Fasse die Ergebnisse der Gedichtanalyse zusammen und formuliere eine zusammenfassende Deutung.

Ulla Hahn

Gibt es eine männliche Ästhetik (2011)

Du hältst deine
Handflächen mir
vor die Augen:
Schau hinein sagst du.
Sieh nur
wie schön du bist
in meinen
von deinem
Leib und Liebkosen
gegerbten[1] Händen.

[1] gerben: handwerklicher Vorgang, bei dem aus Tierhäuten Leder gemacht wird

5 Fasse den Inhalt des Gedichts in eigenen Worten zusammen. Schreibe dazu auf die Linien neben dem Gedicht.

6 Untersuche im Gedicht die Bewertung, die das lyrische Du über das lyrische Ich abgibt. Benenne in eigenen Worten, was die Schönheit des Ichs ausmacht. Erkläre dazu auch das Bild der Hand.

7 Häufig werden in der Beschreibung von Liebesbeziehungen die Haut und die Schönheit verwendet. Vergleiche die übliche Darstellung mit der hier verwendeten Art. Ziehe eine Schlussfolgerung für die Qualität der Liebesbeziehung. Ergänze dazu die Satzanfänge.

Üblicherweise verbindet man bei der Beschreibung einer Liebesbeziehung mit der Haut

In diesem Gedicht wird die Haut durch die Liebesbeziehung

8 Betrachte die beiden Gedichte von Ulla Hahn abschließend unter der Frage, wie mit Stereotypen umgegangen wird und welche Wirkung damit erzielt wird.

9 Beide Gedichte haben die Frau als lyrische Sprecherin, die die unterschiedlichen Geschlechterrollen in den Blick nimmt. Wechsle nun in die Perspektive des Mannes und formuliere das erste Gedicht neu. Gehe folgendermaßen vor:

- Suche (angelehnt an Aufgabe 2) typische Schönheitsvorstellungen, Verhaltensweisen oder auch Eigenschaften, die man in der heutigen Gesellschaft mit einer Frau verbindet, und kontrastiere dazu individuelle Charakteristika einer realen Frau. Halte diese Vorarbeiten in Stichworten fest.
- Bestimme nun eine Schlussfolgerung, die die Frau positiv bewertet (es muss nicht ihre Schönheit sein). Wähle aber einen Aspekt, der stark mit Stereotypen im Geschlechterverhältnis besetzt ist.
- Formuliere nun dein Gedicht in deinem Heft aus.

Parabeln in ihrer Vielfältigkeit deuten

Franz Kafka

Vor dem Gesetz

Vor dem Gesetz steht ein Türhüter. Zu diesem Türhüter kommt ein Mann vom Lande und bittet um Eintritt in das Gesetz. Aber der Türhüter sagt, dass er ihm jetzt den Eintritt nicht gewähren könne. Der Mann überlegt und fragt dann, ob er also später werde eintreten dürfen. „Es ist möglich“, sagt der Türhüter, „jetzt aber nicht.“

Da das Tor zum Gesetz offensteht wie immer und der Türhüter beiseite tritt, bückt sich der Mann, um durch das Tor in das Innere zu sehn. Als der Türhüter das merkt, lacht er und sagt: „Wenn es dich so lockt, versuche es doch, trotz meines Verbotes hineinzugehn. Merke aber: Ich bin mächtig. Und ich bin nur der unterste Türhüter. Von Saal zu Saal stehn aber Türhüter, einer mächtiger als der andere. Schon den Anblick des dritten kam nicht einmal ich mehr ertragen.“

Solche Schwierigkeiten hat der Mann vom Lande nicht erwartet; das Gesetz soll doch jedem und immer zugänglich sein, denkt er, aber als er jetzt den Türhüter in seinem Pelzmantel genauer ansieht, seine große Spitznase, den langen, dünnen, schwarzen tatarischen Bart, entschließt er sich, doch lieber zu warten, bis er die Erlaubnis zum Eintritt bekommt. Der Türhüter gibt ihm einen Schemel und lässt ihn seitwärts von der Tür sich niedersetzen.

Dort sitzt er Tage und Jahre. Er macht viele Versuche, eingelassen zu werden, und ermüdet den Türhüter durch seine Bitten. Der Türhüter stellt öfters kleine Verhöre mit ihm an, fragt ihn über seine Heimat aus und nach vielem andern, es sind aber teilnahmslose Fragen, wie sie große Herren stellen, und zum Schlusse sagt er ihm immer wieder, dass er ihn noch nicht einlassen könne. Der Mann, der sich für seine Reise mit vielem ausgerüstet hat, verwendet alles, und sei es noch so wertvoll, um den Türhüter zu bestechen. Dieser nimmt zwar alles an, aber sagt dabei: „Ich nehme es nur an, damit du nicht glaubst, etwas versäumt zu haben.“

Während der vielen Jahre beobachtet der Mann den Türhüter fast ununterbrochen. Er vergisst die andern Türhüter, und dieser erste scheint ihm das einzige Hindernis für den Eintritt in das Gesetz. Er verflucht den unglücklichen Zufall, in den ersten Jahren rücksichtslos und laut, später, als er alt wird, brummt er nur noch vor sich hin. Er wird kindisch, und, da er in dem jahrelangen Studium des Türhüters auch die Flöhe in seinem Pelzkragen erkannt hat, bittet er auch die Flöhe, ihm zu helfen und den Türhüter umzustimmen. Schließlich wird sein Augenlicht schwach, und er weiß nicht, ob es um ihn wirklich dunkler wird, oder ob ihn nur seine Augen täuschen. Wohl aber erkennt er jetzt im Dunkel einen Glanz, der unverlöschlich aus der Türe des Gesetzes bricht. Nun lebt er nicht mehr lange.

Vor seinem Tode sammeln sich in seinem Kopfe alle Erfahrungen der ganzen Zeit zu einer Frage, die er bisher an den Türhüter noch nicht gestellt hat. Er winkt ihm zu, da er seinen erstarrenden Körper nicht mehr aufrichten kann. Der Türhüter muss sich tief zu ihm hinunterneigen, denn der Größenunterschied hat sich sehr zuungunsten des Mannes verändert.

„Was willst du denn jetzt noch wissen?“ fragt der Türhüter, „du bist unersättlich.“

„Alle streben doch nach dem Gesetz“, sagt der Mann, „wieso kommt es, dass in den vielen Jahren niemand außer mir Einlass verlangt hat?“ Der Türhüter erkennt, dass der Mann schon an seinem Ende ist, und, um sein vergehendes Gehör noch zu erreichen, brüllt er ihn an: „Hier konnte niemand sonst Einlass erhalten, denn dieser Eingang war nur für dich bestimmt. Ich gehe jetzt und schließe ihn.“

1 Stelle in einem Schaubild das Verhältnis folgender Aspekte zueinander dar:
Mann vom Lande – Gesetz – Türhüter

2 Gliedere den Text in drei Abschnitte, markiere diese. Bestimme den Abschnitt, der durch zeitraffendes Erzählen heraussticht.

Z. ______________________

3 Untersuche das Verhalten des Türhüters näher und beachte hierbei vor allen Dingen Anfang und Ende der Parabel. Markiere Textstellen, welche seine Widersprüchlichkeit zeigen.

____

____

____

____

4 Stelle die Versuche des Mannes vom Lande, zum Gesetz vorzudringen, grafisch dar.

5 Nenne drei Kennzeichen, welche den Text als Parabel ausweisen.

1. ______________________

2. ______________________

3. ______________________

6 a) Deute den Text unter immanenten Gesichtspunkten: Wofür stehen demnach die folgenden Elemente?

Gesetz: ______

Türhüter: ______

b) Deute den Text nach einer biografischen Lesart. Wen repräsentieren demnach die folgenden Personen?

Mann vom Lande: ______

Türhüter: ______

7 Beurteile das Verhalten des Mannes vom Lande. Beachte hierbei auch den sich entwickelnden Größenunterschied zum Türhüter im Laufe der Zeit.

8 Verfasse einen Ratschlag an den Mann vom Lande kurz vor seinem Tod – welchen Appell richtet die Parabel an die Leserinnen und Leser?

Das Kafkaeske erfassen

Günter Kunert

Zirkuswesen (1965)

Kaum hatte die Vorstellung begonnen, ertönte ein einstimmiger Entsetzensschrei des Publikums: Der Dompteur war über seinen schönsten Königstiger hergefallen und hatte sich in dessen Nacken verbissen. Als sich die Besucher hastig aus dem Zelt drängten, gab das Tier schon kein Lebenszeichen mehr von sich. Die anderen Gefleckten, Gestreiften und Geringelten pressten sich mit eingezogenen Schwänzen ans Gitter und heulten auf, als sich der Dompteur erhob, um sich auf die Tür des Käfigs zu stürzen, in dem er seine Attraktion vorführte. Die metallenen Stäbe flogen auseinander, und er stürmte ins Freie. Unaufhaltsam stampfte er in seinen hohen, schwarzen Stiefeln sporenklirrend auf die Straße und durch sie.

„Der Dompteur ist los! Der Dompteur ist los!“ ächzte es von Haus zu Haus: er selber aber schrie und dröhnte und donnerte durch die Gassen, knallte mit der Peitsche und schnalzte mit den Fingern, dass niemand davon verschont ward. Seinen Weg säumten auf Händen stehende Straßenbahnschaffnerinnen, auf Wäscheleinen balancierende Hauswarte, oder in strammer Haltung gelähmte Feuerwehrleute, die erst seinetwegen und dann vor ihm ausgerückt waren.

Bei jedem Peitschenknall sprangen Großväter in ihren Stuben keuchend auf den Tisch oder auf den Ofen, wo sie mit angewinkelten Armen hocken blieben.

Der Dompteur ist los! Der Dompteur ist los! Angst und Schrecken und erstaunliche, eilfertig ausgeführte Dressurleistungen griffen immer weiter um sich. Auf ihren Stühlen in ihren Wohnungen kauerten die Bewohner der Stadt auf den Peitschenknall lauernd, der ihnen erlaubte zu Boden zu springen und knurrend und murrend in die Küche oder ins Bett zu schleichen.

Endlich, drei Abende später, gelang es, den Dompteur einzufangen und zum Bürgermeister zu machen; seitdem herrscht in der Stadt wieder Ruhe und Ordnung. Und ein ganz unglaublicher Aufschwung des Zirkuswesens lässt sich nicht länger leugnen.

1 Gib die Handlung der Geschichte mithilfe eines Flussdiagramms wieder. Markiere dazu zuerst die jeweiligen Abschnitte im Text.

2 Nimm den Dompteur genauer in den Blick: Markiere Textstellen, die seine Rolle und das damit einhergehende Verhalten beschreiben.

3 Erstelle ein Cluster aus Adjektiven, welche die Wirkung des Dompteurs auf seine Umwelt beschreiben.

4 Unter „kafkaesk“ versteht man eine auf unergründliche Weise bedrohliche Situation. Erkläre in wenigen Sätzen, warum dieser Text kafkaeske Züge hat.

5 Kennst du bekannte Persönlichkeiten bzw. Politiker/-innen, auf welche diese Verhaltensweisen ebenfalls zutreffen? Nenne sie und begründe deine Wahl kurz.

6 Diskutiere den Titel der Geschichte: Wer ist mit „Zirkuswesen“ gemeint? Was kritisiert der Autor mithilfe der Parabel?

Figuren charakterisieren

Die Handlung von Stefan Zweigs Schachnovelle spielt auf einem Passagierdampfer von New York nach Buenos Aires im Jahr 1940. Auf dem Schiff kommt es zu einer Schachpartie zwischen dem Schachweltmeister Mirco Czentovic und Dr. B., einem österreichischen Emigranten. Dr. B. wurde nach der Machtübernahme der Nationalsozialisten in Österreich 1938 monatelang von der Gestapo in einem Hotelzimmer inhaftiert und von der Außenwelt isoliert. Um diese Zeit psychisch zu überstehen, beschäftigte er sich auf Grundlage eines Schachbuchs mit dem imaginierten Nachspielen bedeutender Schachpartien. Durch diese einseitige geistige Anstrengung hat ihn ein Nervenfieber ergriffen, dessentwegen er aus der Haft entlassen wurde. Er willigt in die Schachpartie gegen den Schachweltmeister nur ein, um festzustellen, ob es sich bei seinem Verhalten in Haft noch um Spiel oder bereits um Wahnsinn gehandelt hat.

Stefan Zweig: Schachnovelle

Erste Schachpartie zwischen Czentovic und Dr. B.

Cover einer Buchausgabe der Schachnovelle

Pünktlich um die vereinbarte Stunde, drei Uhr, waren wir am nächsten Tage im Rauchsalon versammelt. Unsere Runde hatte sich noch um zwei Liebhaber der königlichen Kunst vermehrt, zwei Schiffsoffiziere, die sich eigens Urlaub vom Borddienst erbeten, um dem Turnier zusehen zu können. Auch Czentovic ließ nicht wie am vorhergehenden Tage auf sich warten, und nach der obligaten[1] Wahl der Farben begann die denkwürdige Partie dieses Homo obscurissimus[2] gegen den berühmten Weltmeister. Es tut mir leid, dass sie nur für uns durchaus unkompetente Zuschauer gespielt war und ihr Ablauf für die Annalen[3] der Schachkunde ebenso verloren ist wie Beethovens Klavierimprovisationen für die Musik. Zwar haben wir an den nächsten Nachmittagen versucht, die Partie gemeinsam aus dem Gedächtnis zu rekonstruieren, aber vergeblich; wahrscheinlich hatten wir alle während des Spiels zu passioniert[4] auf die beiden Spieler statt auf den Gang des Spiels geachtet. Denn der geistige Gegensatz im Habitus[5] der beiden Partner wurde im Verlauf der Partie immer mehr körperlich plastisch. Czentovic, der Routinier, blieb während der ganzen Zeit unbeweglich wie ein Block, die Augen streng und starr auf das Schachbrett gesenkt; Nachdenken schien bei ihm eine geradezu physische Anstrengung, die alle seine Organe zu äußerster Konzentration nötigte. Dr. B. dagegen bewegte sich vollkommen locker und unbefangen. Als der rechte Dilettant im schönsten Sinne des Wortes[6], dem im Spiel nur das Spiel, das ‚diletto' Freude macht, ließ er seinen Körper völlig entspannt, plauderte während der ersten Pausen erklärend mit uns, zündete sich mit leichter Hand eine Zigarette an und blickte immer nur gerade, wenn an ihn die Reihe kam, eine Minute auf das Brett. Jedes Mal hatte es den Anschein, als hätte er den Zug des Gegners schon im Voraus erwartet.

Die obligaten Eröffnungszüge ergaben sich ziemlich rasch. Erst beim siebenten oder achten schien sich etwas wie ein bestimmter Plan zu entwickeln. Czentovic verlängerte seine Überlegungspausen; daran spürten wir, dass der eigentliche Kampf um die Vorhand[7] einzusetzen begann. Aber um der Wahrheit die Ehre zu geben, bedeutete die allmähliche Entwicklung der Situation wie jede richtige Turnierpartie für uns Laien eine ziemliche Enttäuschung. Denn je mehr sich die Figuren zu einem sonderbaren Ornament ineinander verflochten, umso undurchdringlicher wurde für uns der eigentliche Stand. Wir konnten weder wahrnehmen, was der eine Gegner noch was der andere beabsichtigte, und wer von den beiden sich eigentlich im Vorteil befand. Wir merkten bloß, dass sich einzelne Figuren wie Hebel vorschoben, um die feindliche Front aufzusprengen aber wir vermochten nicht – da bei diesen überlegenen Spielern jede Bewegung immer auf mehrere Züge vorauskombiniert war –, die strategische Absicht in diesem Hin und Wider zu erfassen. Dazu gesellte sich allmählich eine lähmende Ermüdung, die hauptsächlich durch die endlosen Überlegungspausen Czentovics verschuldet war, die auch unseren Freund sichtlich zu irritieren begannen. Ich beobachtete beunruhigt, wie er, je länger die Partie sich hinzog, immer unruhiger auf seinem Sessel herumzurücken begann, bald aus Nervosität eine Zigarette nach der anderen anzündend, bald nach dem Bleistift greifend, um etwas zu notieren. Dann wieder bestellte er ein Mineralwasser, das er Glas um Glas hastig hinabstürzte; es war offenbar, dass er hundertmal schneller kombinierte als Czentovic. Jedes Mal, wenn dieser nach endlosem Überlegen sich entschloss, mit seiner schweren Hand eine Figur vorwärtszurücken, lächelte unser Freund nur wie jemand, der etwas lang Erwartetes eintreffen sieht, und ripostierte[8] bereits. Er musste mit seinem rapid arbeitenden Verstand im Kopf alle Möglichkeiten des Gegners vorausberechnet haben; je länger darum Czentovics Entschließung sich verzögerte, umso mehr wuchs seine Ungeduld, und um seine Lippen presste sich während des Wartens ein ärgerlicher und fast feindseliger Zug. Aber Czentovic ließ sich keineswegs drängen. Er überlegte stur und stumm und pausierte immer länger, je mehr sich das Feld von Figuren entblößte. Beim zweiundvierzigsten Zuge, nach geschlagenen zweidreiviertel Stunden, saßen wir schon alle ermüdet und beinahe teilnahmslos um den Turniertisch. Einer der Schiffsoffiziere hatte sich bereits entfernt, ein anderer ein Buch zur Lektüre genommen und blickte nur bei jeder Veränderung für einen Augenblick auf. Aber da geschah plötzlich bei einem Zuge Czentovics das Unerwartete. Sobald Dr. B. merkte, dass Czentovic den Springer fasste, um ihn vorzuziehen, duckte er sich zusammen wie eine Katze vor dem Ansprung. Sein ganzer Körper begann zu zittern, und kaum hatte Czentovic den Springerzug getan, schob er scharf die Dame vor, sagte laut triumphierend: „So! Erledigt!“, lehnte sich zurück, kreuzte die Arme über der Brust und sah mit herausforderndem Blick auf Czentovic. Ein heißes Licht glomm plötzlich in seiner Pupille.

1 obligat: erforderlich, üblich, unvermeidlich
2 obscurissimus: äußerst merkwürdiger Mensch
3 Annalen: chronologisch geordnete Geschichtsbücher
4 passioniert: leidenschaftlich, begeistert
5 Habitus: Haltung, Auftreten
6 Dilettant: Der Begriff „Dilettant“ ist abgeleitet von (ital.) „dilettare“ (sich erfreuen) und „diletto“ (Freude); „Dilettant bezeichnete ursprünglich einen Kunstliebhaber, später einen ungeschulten Laien
7 Vorhand: Dominanz, Oberhand
8 ripostieren: Einen unmittelbaren Gegenangriff ausführen

1 Lies den oben stehenden Textauszug. Unterstreiche die Aussagen des Ich-Erzählers zur Charakterisierung von Czentovic und Dr. B. in unterschiedlichen Farben.

2 a) Stelle fest, bei welchen Charakterisierungen es sich um indirekte Charakterisierungen handelt. Übertrage die folgende Tabelle in dein Heft und ergänze die indirekten Charakterisierungen mit Zeilenangabe.

Textbeispiel (indirekte Charakterisierung)	**Charaktereigenschaft**
• *Czentovic blieb unbeweglich wie ein Block, die Augen streng und starr auf das Schachbrett gesenkt (vgl. Z. 34–37)* →	• *geringe Flexibilität, gewisse Einfältigkeit*
• ...	• ...

b) Leite anschließend aus den indirekten Charakterisierungen mögliche Charaktereigenschaften Dr. B.s und Czentovics ab. Ergänze diese entsprechend in der Tabelle.

c) Notiere in wenigen Sätzen, ob und ggf. welche Veränderungen du im Verhalten von Czentovic und Dr. B. feststellen kannst.

3 Schreibe mithilfe deiner Ergebnisse aus Aufgabe 1 und 2 eine knappe Charakterisierung der beiden Hauptfiguren Dr. B. und Czentovic.

Dr. B.:

Czentovic:

4 a) Bestimme Erzählform und Erzählperspektive im Textauszug (S. 59/60). Belege deine Ergebnisse mit passenden Textstellen.

Erzählform:	**Beispiele:**
Erzählperspektive:	**Beispiele:**

b) Beurteile, inwiefern die Erzähltechnik dazu beiträgt, Sympathie beziehungsweise Antipathie gegenüber den beiden Hauptfiguren zu wecken. Schreibe deine Ergebnisse in dein Heft.

Motive entschlüsseln

1 Sammle mithilfe des Textauszuges (S. 59/60) Aussagen zu den Fähigkeiten/Kenntnissen in Bezug auf das Schachspiel der verschiedenen Teilnehmer der Schachpartie. Belege diese mit Zeilenangaben.

Zuschauer	*„Liebhaber der königlichen Kunst“ (Z. 11–13)*
Czentovic	
Dr. B.	

2 a) Beschreibe die unterschiedliche Art Schach zu spielen von Czentovic und Dr. B. im ersten Textabschnitt (S. 59, Z. 1–49). Gib dazu die entsprechenden Zeilenangaben an.

Dr. B.:

Czentovic:

b) Lies nun den zweiten Abschnitt (ab Z. 50) und erläutere, wie sich die Spielweise von Dr. B. verändert. Schreibe dazu in dein Heft.

3 a) Schätze auf der Basis aller deiner bisherigen Arbeitsergebnisse ein, wie realistisch die Darstellung Dr. B.s und Czentovics als Schachspieler ist. Setze dafür jeweils ein Kreuz für Czentovic und eines für Dr. B. in unterschiedlichen Farben in die Skala.

realistisch ——————————— nicht realistisch

b) Begründe deine Einschätzung jeweils in wenigen Worten. Bedenke dabei auch die bisherige Schacherfahrung der beiden Figuren. Schreibe in dein Heft.

4 Schreibe in dein Heft ein knappes Statement, in dem du mögliche Gründe nennst, warum in der Schachnovelle mit Czentovic und Dr. B. zwei als Schachspieler unrealistische Charaktere auftreten.

Redekontext und Redegattungen erfassen

1 Nenne sechs Faktoren, die das Setting einer Rede entscheidend mitbestimmen.

____

____

____

2 a) Ermittle jeweils den zentralen Begriff in den beiden folgenden Redeauszügen und erläutere ihn entsprechend der Verwendung in den Texten.
b) Bestimme, welcher Redegattung die folgenden Auszüge jeweils zuzuordnen sind: Festrede, politische Rede oder Gerichtsrede. Begründe.

Bundeskanzler Olaf Scholz, Sonntag, 27. Februar 2022

Rede ①

Sehr geehrte Frau Präsidentin![1]
Verehrte Kolleginnen und Kollegen!
Liebe Mitbürgerinnen und Mitbürger!

Der 24. Februar 2022 markiert eine Zeitenwende in der Geschichte unseres Kontinents. Mit dem Überfall auf die Ukraine hat der russische Präsident Putin kaltblütig einen Angriffskrieg vom Zaun gebrochen – aus einem einzigen Grund: Die Freiheit der Ukrainerinnen und Ukrainer stellt sein eigenes Unterdrückungsregime infrage. Das ist menschenverachtend. Das ist völkerrechtswidrig. Das ist durch nichts und niemanden zu rechtfertigen.
Die schrecklichen Bilder aus Kiew, Charkiw, Odessa und Mariupol zeigen die ganze Skrupellosigkeit Putins. Die himmelschreiende Ungerechtigkeit, der Schmerz der Ukrainerinnen und Ukrainer, sie gehen uns allen sehr nahe.
Ich weiß genau, welche Fragen sich die Bürgerinnen und Bürger in diesen Tagen abends am Küchentisch stellen, welche Sorgen sie umtreiben angesichts der furchtbaren Nachrichten aus dem Krieg. Viele von uns haben noch die Erzählungen unserer Eltern oder Großeltern im Ohr vom Krieg, und für die Jüngeren ist es kaum fassbar: Krieg in Europa. Viele von ihnen verleihen ihrem Entsetzen Ausdruck – überall im Land, auch hier in Berlin.

Wir erleben eine Zeitenwende. Und das bedeutet: Die Welt danach ist nicht mehr dieselbe wie die Welt davor. Im Kern geht es um die Frage, ob Macht das Recht brechen darf, ob wir es Putin gestatten, die Uhren zurückzudrehen in die Zeit der Großmächte des 19. Jahrhunderts, oder ob wir die Kraft aufbringen, Kriegstreibern wie Putin Grenzen zu setzen.
Das setzt eigene Stärke voraus. [...]

[1] hier: Präsidentin des Bundestages

Zentraler Begriff: ______________________________

____

____

Redegattung: ______________________________

____

Martin Walser, Erfahrungen beim Verfassen einer Sonntagsrede, 11. Oktober 1998

Rede ②

Als die Medien gemeldet hatten, wer in diesem Jahr den Friedenspreis des Deutschen Buchhandels bekommen werde[1], trudelten Glückwünsche herein. Zwei Eigenschaftswörter kamen auffällig oft vor im Glückwunschtext. Die Freude der Gratulierenden wurde öfter »unbändig« genannt. Auf die Rede, die der Ausgesuchte[1] halten werde, hieß es auch öfter, sei man gespannt, sie werde sicher kritisch. Dass mehrere sich unbändig freuen, weil einem anderen etwas Angenehmes geschieht, zeigt, dass unter uns die Freundlichkeitsfähigkeit noch lebt. Darüber, dass von ihm natürlich eine kritische Rede erwartet werde, konnte der Ausgesuchte[1] sich nicht gleichermaßen freuen. Klar, von ihm wurde die Sonntagsrede erwartet. Die kritische Predigt. Irgendjemandem oder gleich allen die Leviten lesen. Diese Rede hast du doch auch schon gehalten. Also halt sie halt noch einmal, mein Gott. Die Rede, die gespeist wird aus unguten Meldungen, die es immer gibt, die sich, wenn ein bisschen Porenverschluss zu Hilfe kommt, so polemisch[2] schleifen lässt, dass die Medien noch zwei, wenn nicht gar zweieinhalb Tage lang eifrig den Nachhall pflegen.
Der Ausgesuchte[1] kam sich eingeengt vor, festgelegt. Er[1] war nämlich, als er von der Zuerkennung erfuhr, zuerst einmal von einer einfachen Empfindung befallen worden, die, formuliert, etwa hätte heißen können: Er wird fünfundzwanzig oder gar dreißig Minuten lang nur Schönes sagen, das heißt Wohltuendes, Belebendes, Friedenspreismäßiges. Zum Beispiel Bäume rühmen, die er durch absichtsloses Anschauen seit langem kennt. Und gleich der Rechtfertigungszwang: Über Bäume zu reden ist kein Verbrechen mehr, weil inzwischen so viele von ihnen krank sind. Er könnte auch als Sonnenuntergangsexperte auftreten und mitteilen, dass die Sonne, wenn sie am Wasser untergeht, zu Übertreibungen neigt. Fünfundzwanzig Minuten Schönes – selbst wenn du das der Sprache abtrotzen oder aus ihr herauszärteln könntest, fünfundzwanzig oder gar dreißig Minuten Schönes –, dann bist du erledigt. Ein Sonntagsrednerpult, Paulskirche, öffentlichste Öffentlichkeit, Medienpräsenz, und dann etwas Schönes! Nein, das war dem für den Preis Ausgesuchten[1] schon ohne alle Hilfe von außen klargeworden, das durfte nicht sein.

[1] Martin Walser selbst: Er spricht hier von sich in Er-Form.
[2] polemisch: angriffslustig

Zentraler Begriff: ____________________

____

____

____

____

Redegattung: ____________________

____

____

____

____

Aufbau und Inhalt von Reden untersuchen

Lukas Bärfuss[1]

Rede für die saarländischen Abiturient/-innen 2020

Wir kennen uns nicht
meine lieben Abiturientinnen
und meine lieben Abiturienten
Aber mit Eurer Erlaubnis
würde ich Euch trotzdem gerne
beglückwünschen

Großartig
Nach Mühen und Qualen
nach Bangen und Hoffen
ist es nun klar
eindeutig und definitiv
Ihr habt bestanden
Eine feine Leistung
in jeder beliebigen Zeit
aber ganz besonders heute
in diesen Tagen der Unruhe
und der Unsicherheit
ein Meilenstein
eine Auszeichnung
und ich verneige mich vor Euch

Ihr dürft zu Recht stolz sein auf Euch
Eure Eltern sollen stolz sein auf Euch
Eure Großeltern
die Lehrer
und auch die Rektoren
die Bildungsministerin sowieso
Und wenn es nach mir ginge
sollte auch die Kanzlerin auf Euch
anstoßen
das Saarland
Deutschland
das Universum
und zwar das Ganze

[1] Lukas Bärfuss (geb. 30.12.1971): Schweizer Schriftsteller

1 a) Kreuze an, welche der drei rhetorischen Techniken Bärfuss zu Beginn seiner Rede an die Abiturientinnen und Abiturienten massiv/steigernd einsetzt. Erläutere kurz.

- ☐ 1. Technik des Aufrüttelns der Zuhörerschaft (→ um euch geht es, Dringlichkeit des Anliegens)
- ☐ 2. Technik der Zuwendung zum Publikum (→ wiederholte direkte Ansprache der Zuhörerinnen und Zuhörer, rhetorische Fragen, Appelle usw.)
- ☐ 3. Technik des Zuhörerkompliments (→ captatio benevolentiae: Versuch, die Sympathien der Zuhörerschaft zu gewinnen)

b) Erkläre: Inwiefern hebt der Redner die Wirkung der Technik aus der antiken Rhetorik sofort wieder auf? Welche Absicht verfolgt er dabei?

Angela Merkel[1], Auszug aus der Eingangsrede auf der Sommerpressekonferenz in Berlin, 31. August 2015

Wir schaffen das!

[Wir werden] darüber sprechen müssen, was uns eigentlich leiten sollte und was auch mich bewegt, wenn wir darüber sprechen, dass in diesem Jahr bis zu 800 000 Menschen zu uns kommen werden – so die jüngsten Prognosen.

Die allermeisten von uns kennen den Zustand völliger Erschöpfung auf der Flucht, verbunden mit Angst um das eigene Leben oder das Leben der Kinder oder der Partner, zum Glück nicht. Menschen, die sich zum Beispiel aus Eritrea, aus Syrien oder dem Nordirak auf den Weg machen, müssen oft Situationen überwinden oder Ängste aushalten, die uns wahrscheinlich schlichtweg zusammenbrechen ließen. Deshalb müssen wir beim Umgang mit Menschen, die jetzt zu uns kommen, einige klare Grundsätze gelten lassen. Diese Grundsätze stammen aus nicht mehr und nicht weniger als unserem Grundgesetz, unserer Verfassung.

Erstens. Es gilt das Grundrecht politisch Verfolgter auf Asyl. Wir können stolz sein auf die Humanität unseres Grundgesetzes. In diesem Artikel zeigt sie sich ganz besonders. Schutz gewähren wir auch all denen, die vor Kriegen zu uns fliehen. Auch ihnen steht dieser Schutz zu.

Der zweite Grundsatz ist die Menschenwürde eines jeden. Das ist ein Grundsatz, den uns schon der Artikel 1 des Grundgesetzes aufgibt. Gleichgültig, ob er Staatsbürger ist oder nicht, gleichgültig, woher und warum er zu uns kommt und mit welcher Aussicht, am Ende eines Verfahrens als Asylbewerber anerkannt zu sein – wir achten die Menschenwürde jedes Einzelnen, und wir wenden uns mit der ganzen Härte unseres Rechtsstaates gegen die, die andere Menschen anpöbeln, die andere Menschen angreifen, die ihre Unterkünfte in Brand setzen oder Gewalt anwenden wollen. Wir wenden uns gegen die, die zu Demonstrationen mit ihren Hassgesängen aufrufen. Es gibt keine Toleranz gegenüber denen, die die Würde anderer Menschen infrage stellen.

[1] Angela Merkel (geb. 17.07.1954): Bundeskanzlerin von 2005 bis 2021

2 Beschreibe den Aufbau des oben stehenden Redeauszugs der damaligen Bundeskanzlerin Angela Merkel in Stichworten.

3 Erkläre kurz die Funktion dieses Redeteils von Angela Merkel. Gib an, an welcher Stelle der Rede dieser Redeteil wohl zu finden ist: Einleitung, Hauptteil oder Schluss.

Einzelne Merkmale von Reden untersuchen

1 Ermittle, welche Redestrategien in den folgenden Redeauszügen zur Anwendung kommen. Ziehe dazu eine blaue bzw. grüne Verbindungslinie von der identifizierten Strategie zum jeweiligen Redeauszug.

Adolf Hitler

Rede an die Hitler-Jugend auf dem dritten Parteitag der NSDAP am 15.09.1935 in Nürnberg

Wir sind eine Gefolgschaft, aber wie das Wort schon sagt, Gefolgschaft heißt folgen, heißt Gefolgschaft leisten. Unser ganzes Volk müssen wir erziehen, dass immer, wenn irgendwo einer bestimmt ist zu befehlen, die anderen ihre Bestimmung erkennen, ihm zu gehorchen, weil schon in der nächsten Stunde vielleicht sie selbst befehlen müssen und es genauso nur dann können, wenn andere wieder Gehorsam üben. Es ist der Ausdruck eines autoritären Staates, nicht einer schwachen, schwätzenden Demokratie, eines autoritären Staates, bei dem jeder stolz ist, gehorchen zu dürfen, weil er weiß: Ich werde, wenn ich befehlen muss, genau so Gehorsam finden. Deutschland ist kein Hühnerstall, in dem alles durcheinanderläuft und jeder gackert und kräht, sondern wir sind ein Volk, das von klein auf lernt, diszipliniert zu sein.

John F. Kennedy

Rede vor dem Schöneberger Rathaus am 26.06.1963

Ein Leben in der Freiheit ist nicht leicht, und die Demokratie ist nicht vollkommen. Aber wir hatten es nie nötig, eine Mauer aufzubauen, um unsere Leute bei uns zu halten und sie daran zu hindern, woanders hinzugehen. [...] Die Mauer ist die abscheulichste und die stärkste Demonstration für das Versagen des kommunistischen Systems. Die ganze Welt sieht dieses Eingeständnis des Versagens. Wir sind darüber keineswegs glücklich, denn, wie Ihr Regierender Bürgermeister gesagt hat, die Mauer schlägt nicht nur der Geschichte ins Gesicht, sie schlägt der Menschlichkeit ins Gesicht. Durch die Mauer werden Familien getrennt, der Mann von der Frau, der Bruder von der Schwester; Menschen werden mit Gewalt auseinandergehalten, die zusammen leben wollen.

Redestrategien

- **Emotionalisierung:** Erregung von positiven oder negativen Gefühlen anstelle von rationalem Argumentieren, Emotionen stehen im Vordergrund
- **Rationalisierung:** Ausklammern von Gefühlen
- **Polarisierung:** Herausstellung von Gegnerschaften
- **Aufwertung der eigenen Position oder Gruppe:** Häufung positiver Eigenschaften, Verknüpfung mit positiven Werten
- **Abwertung der gegnerischen Gruppe und ihrer Haltung:** Häufung negativer Eigenschaften, Verknüpfung mit negativen Werten
- **Dramatisierung:** Aufbauschen von Situationen und Vorfällen
- **Beschwichtigung:** beruhigendes, besänftigendes, Verständnis zeigendes Einwirken auf die Zuhörerschaft, auch verharmlosendes Abwiegeln vor dem Publikum
- **Identifikation der Zuhörerschaft mit der „Wir-Gruppe":** Erzeugung eines „Wir-Gefühls", Betonung des Gemeinsamen
- **Anklage:** Gegnerinnen/Gegner eines verwerflichen Handelns beschuldigen
- **Drohung:** Versuch der Einschüchterung durch Ankündigung unerfreulicher Maßnahmen

2 Gib – sofern möglich – bei Polarisierung jeweils die negativen und positiven Eigenschaften und Werte an, die den beiden Seiten zugeordnet werden.

Text 1: ______

Text 2: ______

3 Untersuche: Welche der unten angeführten sprachlichen Mittel der NS-Propagandasprache sind in den folgenden im Comic wiedergegebenen Auszügen aus Hitler-Reden eingesetzt? Erläutere kurz.

- Änderung des Wortwertes und der Bedeutung von Begriffen
- grammatischer Superlativ (als Adjektivform) und semantischer Superlativ (als Einzelausdruck mit superlativem Wert, als superlativisch angelegtes Satzgebilde sowie als Zahl (oft *1000*) oder Zahlenreihung (→ Hyperbel))
- Akkumulation/Reihung/Wiederholung (Einzelwort oder Satz)
- Parallelismus
- rhetorische Frage
- religiöse Begrifflichkeit/Sprache des Glaubens
- Vokabular des unbedingten Willens (→ Superlativ)
- Personal- und Possessivpronomen
- Schlagwörter
- Antithese
- imperativische Formulierungen: Imperativformen: direkte Aufforderungen oder Modalverb *müssen*
- Metaphern vor allem aus den Bereichen Technik, Militär, Biologie, Medizin und Sport

[Einmal wird kommen die Stunde,] da wir vor den Herrn hintreten können und ihn bitten dürfen: „Herr, du siehst, wir haben uns geändert. Das deutsche Volk ist nicht mehr das Volk der Ehrlosigkeit, der Schande, der Selbstzerfleischung, der Kleinmütigkeit und Kleingläubigkeit. Nein, Herr, das deutsche Volk ist wieder stark in seinem Willen, stark in seiner Beharrlichkeit, stark im Ertragen aller Opfer. Herr, wir lassen nicht von dir! Nun segne unseren Kampf, unseren Kampf um unsere Freiheit und damit unser deutsches Volk und Vaterland!“

Und wenn die britische Luftwaffe zwei- oder drei- oder viertausend Kilogramm Bomben wirft, dann werfen wir jetzt in einer Nacht 150 000, 180 000, 230 000, 330 000, 400 000 und mehr Kilo. Wenn sie erklären, sie werden unsere Städte in großem Ausmaß angreifen – wir werden ihre Städte ausradieren.

Nonverbale Signale in der NS-Propaganda-Rede deuten

1 Ordne Hitlers Posen in den sechs Fotografien jeweils möglichen Wirkungsabsichten zu. Nutze die Beispiele unten. Ergänze, wenn es sinnvoll ist.

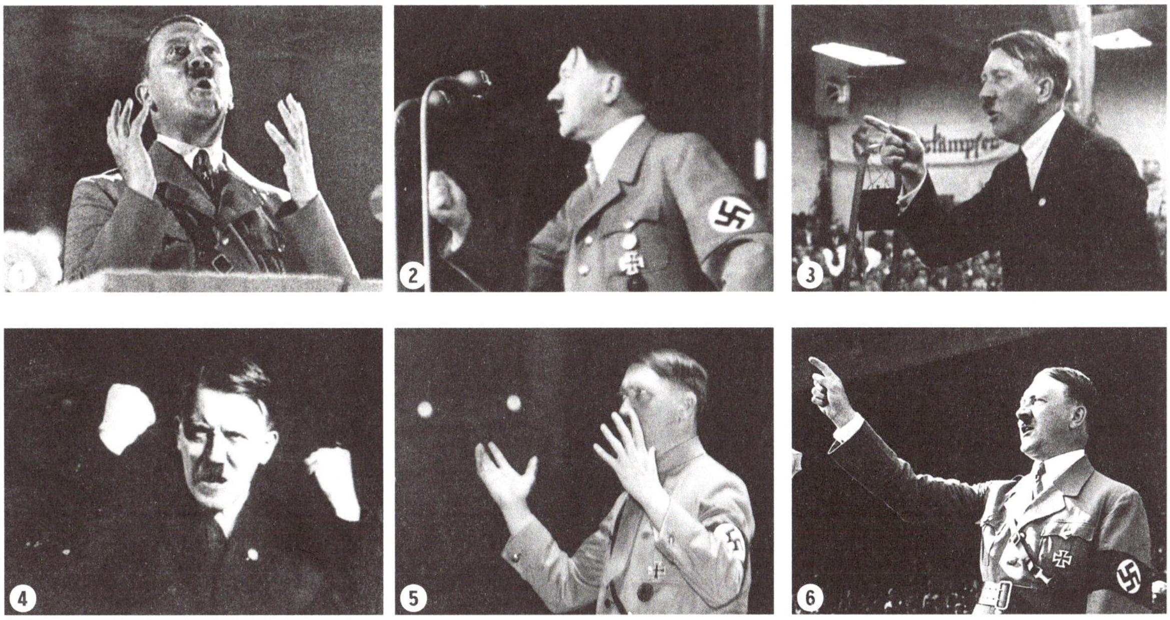

Adolf Hitler bei verschiedenen Reden

Wirkungsabsichten von Redegesten			
Bild-nummer	**Beispiele**	**Bild-nummer**	**Beispiele**
	Entschlossenheit, Willensstärke zeigen		Visionen deutlich machen
	Wut, Ärger ausdrücken		mit Nachdruck fordern
	Überlegenheit, Stärke demonstrieren		Ergriffenheit signalisieren, pathetisches Darstellen
	auf Ursachen, Zusammenhänge usw. hinweisen		Schuldige/Fehler anprangern
	Ablehnung verdeutlichen		Redefluss rhythmisieren
	eine Kampfansage unterstreichen		Vertrauen ausdrücken
	Publikum anfeuern		
	Zielsicherheit vorgeben		

Ein Statement untersuchen

1 a) Bestimme die Funktion der verschiedenen durcheinander geratenen Redeteile aus Greta Thunbergs Statement. Formuliere stichwortartig.

b) Stelle den ursprünglichen Aufbau der kurzen Rede wieder her, indem du die Teile in der richtigen Reihenfolge nummerierst.

Greta Thunberg

Rede bei der 24. UN-Klimakonferenz in Kattowitz im Dezember 2018

☐ Solange ihr nicht anfangt, euch darauf zu konzentrieren, was getan werden muss, statt auf das, was politisch machbar ist, gibt es keine Hoffnung. Wir können eine Krise nicht bewältigen, ohne sie als Krise zu behandeln. Wir müssen die fossilen Brennstoffe im Boden lassen, und wir müssen uns auf Gerechtigkeit konzentrieren.
Und wenn es so unmöglich ist, in diesem System Lösungen zu finden, dann sollten wir vielleicht das System ändern.
Wir sind nicht hergekommen, um die Regierungschefs der Welt zu bitten, dass sie sich kümmern. Sie haben uns in der Vergangenheit ignoriert und werden uns wieder ignorieren. Ihnen gehen die Entschuldigungen aus, und uns geht die Zeit aus. Wir sind hergekommen, um Sie wissen zu lassen, dass der Wandel kommt, ob Ihnen das gefällt oder nicht.
Die wahre Macht gehört den Menschen.

Text leicht verändert

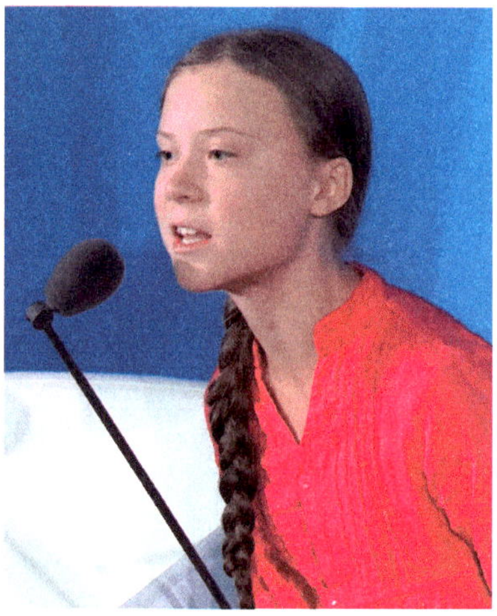

Funktion: ______________________________

☐ Mein Name ist Greta Thunberg, ich bin fünfzehn Jahre alt und komme aus Schweden. Ich spreche für Climate Justice Now.
[...] Wir müssen Klartext reden. Egal, wie unbequem das sein mag. Ihr sprecht nur von grünem ewigem Wirtschaftswachstum, weil ihr zu viel Angst habt, unpopulär zu sein. Ihr redet nur davon, mit denselben schlechten Ideen weiterzumachen, die uns in diesen Schlamassel gebracht haben. Selbst wenn es das einzig Vernünftige ist, die Notbremse zu ziehen.
Ihr seid nicht reif genug, zu sagen, wie es ist. Selbst diese Bürde überlasst ihr euren Kindern. Aber ich kümmere mich nicht darum, beliebt zu sein, ich kümmere mich um Klimagerechtigkeit und den lebendigen Planeten.

Text leicht verändert

Funktion: ______________________________

☐ Wir sind dabei, unsere Zivilisation zu opfern, damit einige wenige die Möglichkeit haben, weiter enorme Mengen Geld zu verdienen. Wir sind dabei, die Biosphäre zu opfern, damit reiche Leute in Ländern wie meinem in Luxus leben können. Aber für den Luxus der wenigen bezahlen viele mit ihrem Leid.
[...] Ihr sagt, ihr liebt eure Kinder über alles. Und trotzdem stehlt ihr ihnen ihre Zukunft.

Text leicht verändert

Funktion: ______________________________

„Ich bin Teddy" – ein Rollenprofil für eine literarische Figur erstellen

In den Erzählungen „Superspielzeug" von Brian Aldiss geht es um den Androidenjungen David, der bei dem Ehepaar Monica und Henry Swinton lebt. Sein treuer Begleiter ist der Roboter Teddy. Für diesen verfasst du im Folgenden ein Rollenprofil. Ein solches Profil besteht aus der Zusammenstellung aller wesentlichen Informationen, die du über eine Figur aus einem Text heraus erhältst. Darüber hinaus fließen aber auch eigene Vorstellung von der zu beschreibenden Figur ein. Es ist jedoch wichtig, dass die eigenen Vorstellungen nicht dem widersprechen, was du über die betreffende Figur aus dem Text erfährst.

Brian Aldiss

Superspielzeug

David saß am großen Fenster seines Kinderzimmers und kämpfte mit Papier und Bleistift. Schließlich hörte er zu schreiben auf und ließ den Bleistift auf der abgeschrägten Tischplatte hin und her rollen. „Teddy", sagte er. Teddy lag auf dem Bett an der Wand, unter einem Buch mit Bildern, die sich bewegen konnten, und einem riesigen Plastiksoldaten. Von der Stimme seines Herrn aktiviert, setzte er sich auf.

„Teddy, ich weiß einfach nicht, was ich schreiben soll!"

Der Bär stieg aus dem Bett, stolzierte mit steifen Bewegungen zu dem Jungen hinüber und klammerte sich an sein Bein. David hob ihn auf und setzte ihn auf dem Schreibtisch ab.

„Was hast du denn schon geschrieben?"

„Ich hab geschrieben", – David griff nach seinem Brief und musterte ihn scharf –, „ich hab geschrieben: Liebe Mami, ich hoffe, es geht dir gerade gut. Ich hab dich lieb."

Eine längere Zeit war es still, bis der Bär schließlich sagte: „Das klingt gut. Geh nach unten und gib ihr den Brief."

Erneut herrschte für einige Zeit Stille. „Irgendwie trifft's das nicht so recht. Sie wird es nicht verstehen."

Ein kleiner, im Bär installierter Computer prüfte mögliche Alternativen. „Warum versuchst du's nicht nochmal mit den Malstiften?"

David starrte aus dem Fenster. „Teddy, weißt du worüber ich gerade nachgedacht habe? Wie kann man wirkliche und nicht wirkliche Dinge eigentlich auseinanderhalten?"

Der Bär ging alle möglichen Antworten durch, die ihm sein Programm bot. „Wirkliche Dinge sind was Gutes."

„Ich frage mich, ob Zeit etwas Gutes ist. Ich glaube nicht, dass Mami viel von der Zeit hält. Neulich, vor ein paar Tagen, hat sie gesagt, dass die Zeit über sie hinweggeht. Ist Zeit etwas Wirkliches, Teddy?"

„Uhren zeigen die Zeit an. Uhren sind wirklich. Mami hat Uhren, also muss sie Uhren wohl mögen. Sie hat eine Uhr am Handgelenk, gleich neben der Wählscheibe."

Inzwischen hatte David damit begonnen, ein Flugzeug auf die Rückseite seines Briefes zu malen. „Wir beide, du und ich, sind wirklich, stimmt's Teddy?"

Die Augen des Bären betrachteten den Jungen, ohne dass sich ihr Ausdruck veränderte. „Klar doch, wir beide, du und ich, sind wirklich, David." Seine besondere Fähigkeit lag darin zu trösten.

Hier ist Platz für deine Notizen:

1 Markiere im Text alle wichtigen Informationen, die du über Teddy erhältst, und mache dir Notizen dazu am Rand.

Versuche dich nun mit der Figur zu identifizieren und bearbeite die folgenden Aufgaben.

Das Selbstbild – Leitfrage: Wer bin ich?

2 a) Fülle den folgenden Steckbrief für Teddy aus.

Name: ________________ Alter: ________________

Familie: ________________________________

Das macht mich aus: ________________________________

____

b) Auf Davids Frage hin, ob sie beide wirklich seien, antwortet Teddy: „Klar doch, wir beide, du und ich, sind wirklich, David." (Z. 65–67). Was meint Teddy an dieser Stelle wohl mit „wirklich"? Kreuze an und begründe deine Auswahl.

☐ a. Teddy und David sind wirklich, weil sie beide existent sind und sich gegenseitig als „wirklich" wahrnehmen. Teddy sieht das ganz Offensichtliche als entscheidend an.

☐ b. Teddy und David sind wirklich, weil sie ihre Existenz kritisch hinterfragen können. Teddy macht sich über die Natur ihrer Existenz Gedanken und kommt zu dem Schluss, dass schon das ausreicht, um als „wirklich" zu gelten.

☐ c. Teddy und David sind so wirklich wie ihre „Eltern" und ebenso echt in ihrer Natur. Die Tatsache, dass sie beide künstliche Kreaturen sind, spielt für die Frage nach der Wirklichkeit keine Rolle.

Das Aussehen/Auftreten – Leitfrage: Wie sehen mich andere?

3 a) Beschreibe Teddys Aussehen, indem du die folgenden Fragen aus der Ich-Perspektive beantwortest: Wie sehe ich aus? Wie ist mein Körperbau, mein Gesicht? Was für Kleidung trage ich?

b) Stelle dir vor, David erzählt in der Schule von Teddy. Was erzählt er seinen Mitschülerinnen und Mitschülern? Verfasse einen kurzen Text.

Der Alltag – Leitfrage: Was mache ich?

4 a) Benenne drei Aktivitäten, denen du (als Teddy) gerne nachgehst.

1.

2.

3.

b) Welche Ziele habe ich in meinem Leben? In welchen Situationen erfahre ich Einschränkungen, die es mir schwierig machen, meine Ziele im Leben zu verwirklichen? Beantworte die Fragen aus Teddys Perspektive.

5 Führe nun alle Informationen über die Figur Teddy, die du oben gesammelt hast, in einem Rollenprofil in geschlossener Textform zusammen. Schreibe in dein Heft. Achte darauf, das Rollenprofil im Präsens und in der ersten Person Singular zu verfassen.

6 Natürlich ist es auch möglich, Figuren aus verschiedenen Texten miteinander ins Gespräch kommen zu lassen. Auch dabei ist es wichtig, dass sich die Figuren stets in dem Rahmen bewegen, den die Textvorlage vorgibt.

a) Erstelle ein Rollenprofil zu einer weiteren Figur aus einem anderen Textauszug. Dabei sollte es sich möglichst ebenfalls um eine künstliche Intelligenz handeln.

b) Verfasse einen Dialog zwischen den beiden Figuren, in dem sie sich darüber unterhalten, was es für sie bedeutet, eine künstliche Intelligenz zu sein.

Sprache für alle *fairständlich* formulieren

1 Ergänze Erklärungen für die unterstrichenen Begriffe. Nutze dazu *Leichte Sprache.*

Hannover: Große Schlange auf Balkon

In Hannover haben Menschen eine große Schlange gefunden.
Die Schlange war auf dem Balkon von einem Haus.
Dieses Haus ist in Hannover-Stöcken.

Stöcken ist ein Stadt·teil im Nord·westen von Hannover.

Die Menschen hatten Angst vor der Schlange.
Sie wussten nämlich **nicht**:
    Ist die Schlange vielleicht giftig?
Deshalb haben die Menschen die Tier·rettung angerufen.

Die Fach·leute von der Tier·rettung haben die Schlange eingefangen.
Danach haben die Fach·leute gesagt:
Die Schlange ist eine Python.

Pythons leben eigentlich nicht in Europa.

Pythons sind **nicht** giftig.
Pythons haben nämlich **keine** Gift·zähne.
Pythons sind Würge·schlangen.

Die Fach·leute haben die Schlange in ein Tier·heim gebracht.

2 Suche für vier der folgenden Merkmale *Leichter Sprache* Beispiele im Text oben. Markiere dort und schreibe die Zahl des Merkmals dazu.

1) Erklärung von schwierigen Wörtern
2) Wiederholung von schwierigen Wörtern
3) eine Information pro Satz/Zeile
4) kurze Sätze
5) Absätze
6) Einrückungen
7) Mediopunkt
8) fettgedruckte Wörter

3 In *Leichte Sprache* übersetzt können Märchen von allen gelesen werden.

a) Vergleiche die beiden Textanfänge miteinander: Welche Informationen treten in beiden Texten auf? Markiere Gemeinsamkeiten.

b) Beurteile und kreuze an: Im Text in *Leichter Sprache* treten … Informationen auf.

genauso viele	etwas weniger	deutlich weniger	kaum

c) Verfasse eine Fortsetzung in *Leichter Sprache* für den dritten Absatz.

Rotkäppchen in leichter Sprache

Ein Märchen ist eine sehr alte Geschichte.
Dieses Märchen heißt: Rot·käppchen.
Das Märchen geht so:

Rot·käppchen ist ein Mädchen.
Rot·käppchen hat immer ein rotes Käppchen auf.
Ein Käppchen ist eine kleine Mütze.

Rot·käppchen hat eine Oma.
Die Oma von Rot·käppchen wohnt mitten im Wald.
Jetzt ist die Oma von Rot·käppchen krank.
Rot·käppchen soll der Oma Essen bringen.
Die Mutter von Rot·käppchen sagt:
„Im Wald ist es gefährlich.
Bleibe also auf dem Weg."

Rot·käppchen geht los.
Im Wald trifft Rot·käppchen den Wolf.

Rotkäppchen

Es war einmal ein kleines, süßes Mädchen, das hatten alle lieb, die es nur ansahen, am allerliebsten aber hatte es seine Großmutter; die wusste gar nicht, was sie alles dem Kind geben sollte. Einmal schenkte sie ihm ein Käppchen aus rotem Samt, und weil ihm das so gut stand und es nichts anderes mehr tragen wollte, hieß es nur noch das Rotkäppchen.

Eines Tages sprach seine Mutter zu ihm: „Komm, Rotkäppchen, da hast du ein Stück Kuchen und eine Flasche Wein, bring das der Großmutter hinaus; sie ist krank und schwach und wird sich daran erfreuen. Sei artig und lauf nicht vom Weg ab, sonst fällst du und zerbrichst die Flasche, und die Großmutter hat nichts. Und wenn du in ihre Stube kommst, so vergiss nicht guten Morgen zu sagen, und guck nicht erst in allen Ecken herum."

„Ich will schon alles gut machen", sagte Rotkäppchen zur Mutter und gab ihr die Hand darauf. Die Großmutter aber wohnte draußen im Wald, eine halbe Stunde vom Dorf. Als Rotkäppchen nun in den Wald kam, begegnete ihm der Wolf. Rotkäppchen aber wusste nicht, was das für ein böses Tier war, und fürchtete sich nicht vor ihm. „Guten Tag, Rotkäppchen", sprach er. – „Schönen Dank, Wolf." – „Wo hinaus so früh, Rotkäppchen?" – „Zur Großmutter." – „Was trägst du unter der Schürze?" – „Kuchen und Wein; gestern haben wir gebacken, damit soll sich die kranke und schwache Großmutter stärken." – „Rotkäppchen, wo wohnt deine Großmutter?" – „Noch eine gute Viertelstunde weiter im Wald, unter den drei großen Eichbäumen, da steht ihr Haus; unten sind die Nusshecken, das wirst du ja wissen", sagte Rotkäppchen. Der Wolf dachte bei sich: „Das junge, zarte Ding, das ist ein fetter Bissen, der wird noch besser schmecken als die Alte. Du musst es listig anfangen, damit du beide schnappst." …

Die Verwendung von Nominalstil untersuchen

Leonie und Marvin betreuen in den Sommerferien eine Freizeit für Grundschulkinder. Für einen Schwimmausflug haben sie die aktuellen Regeln des Freibads recherchiert, um sie später den Kindern zu erklären. Folgende Informationen haben sie gefunden.

Hausordnung für das Freibad

[...] **7. Benutzung des Badebereichs**

(1) Der Aufenthalt im Nassbereich der Bäder ist nur in üblicher, dem Anstand entsprechender Badebekleidung (z. B. Badehose, Badeanzug, Burkini) erlaubt.

(2) Nutzern ist es nicht erlaubt, Musikinstrumente, Ton- oder Bildwiedergabegeräte oder andere Medien zu nutzen, wenn es dadurch zu Belästigungen gegenüber den übrigen Nutzern kommt.

(3) Das Fotografieren und Filmen fremder Personen und Gruppen ohne deren Einwilligung ist nicht gestattet. Für gewerbliche Zwecke und für die Presse bedarf das Fotografieren und Filmen der vorherigen Zustimmung der Betriebsleitung.

(4) Kinder bis zum vollendeten 8. Lebensjahr müssen in allen Schwimmbecken und Rutschen von ihren Eltern/ volljährigen Begleitpersonen beaufsichtigt werden.

(5) Jeder Nutzer hat sich auf die in einem Badebetrieb typischen Gefahren durch gesteigerte Vorsicht einzustellen.

(6) Seitliches Einspringen, das Hineinstoßen oder Werfen anderer Personen in die Becken ist untersagt.

(7) Die angebotenen Wasserattraktionen verlangen Umsicht und Rücksichtnahme auf die anderen Nutzer.

(8) Die Benutzung der Sprunganlange und Wasserrutschen geht über die im Badebetrieb typischen Gefahren hinaus; der Nutzer hat sich darauf in seinem Verhalten einzustellen.

(9) Beim Springen ist darauf zu achten, dass nur eine Person das Sprungbrett betritt und der Sprungbereich frei ist. Nach dem Sprung muss der Sprungbereich sofort verlassen werden.

(10) Das Unterschwimmen des Sprungbereichs bei Betrieb der Sprunganlage ist untersagt.

(11) Die Benutzung von Sport- und Spielgeräten (z. B. Bällen, Schwimmflossen) ist nur mit Zustimmung des Aufsichtspersonals gestattet.

8. Besondere Verhaltensregeln für Rutschen und Spielgeräte

Die Benutzung der Rutschen und Spielgeräte erfolgt auf eigene Gefahr. Eine Nutzung unter Einfluss berauschender Mittel ist untersagt.

Die Regeln und Anweisungen auf den Hinweistafeln sind bei Benutzung unbedingt zu beachten und einzuhalten.

Insbesondere ist zu beachten:

- Der Aufgang zur Wasserrutsche ist mit besonderer Vorsicht und mit Rücksicht auf andere Badegäste zu benutzen.
- Die Rutsche darf nur mit ausreichendem Sicherheitsabstand benutzt werden.
- Der Rutschenauslauf ist nach dem Rutschen sofort zu verlassen. Der Betreiber ist nicht verantwortlich für Beschädigungen an der Badekleidung, die durch das Rutschen verursacht werden können.

Insbesondere ist verboten:

- Jede andere Rutschposition als die jeweils vorgegebene.
- Halten im Rutschenbereich.
- Von unten in die Rutsche zu klettern oder zu laufen.

1 Leonie meint, dass sie beim Informieren der Kinder nicht alle Punkte aus der Hausordnung erwähnen sollten, sondern am besten nur die Punkte ansprechen, die typische Probleme betreffen.
Lies den Textauszug. Überlege, welche Punkte du einer Kindergruppe erklären würdest. Markiere diese.

2 a) In der Hausordnung treten viele Formulierungen im Nominalstil auf. Überlege wie eine Alternative im Verbalstil lauten könnte. Schreibe in die Tabelle.
b) Es treten auch Stellen im Verbalstil auf. Wie könnte man diese im Nominalstil formulieren? Schreibe ebenfalls in die Tabelle.

	Nominalstil	**Verbalstil**
a.	Die Benutzung der Rutschen und Spielgeräte erfolgt auf eigene Gefahr.	
b.	Nach dem Sprung muss der Sprungbereich sofort verlassen werden.	
c.	Die Benutzung von Sport- und Spielgeräten ist nur mit Zustimmung des Aufsichtspersonals gestattet.	
d.		Insbesondere ist verboten: Von unten in die Rutsche zu klettern oder zu laufen.
e.		Die Rutsche darf nur mit ausreichendem Sicherheitsabstand benutzt werden.

3 Leonie und Marvin haben unterschiedliche Vorschläge, wie die Kinder vor dem Schwimmbadbesuch informiert werden sollen. Welche Variante würdest du wählen? Kreuze an und begründe.

Wir sollten die wichtigen Passagen der Hausordnung in eine leichte Variante umschreiben.

Ich finde es besser, wenn wir Stichworte zu den wichtigen Passagen formulieren.

☐ a. Leonies Vorschlag

☐ b. Marvins Vorschlag

Begründung:

4 Wähle den Vorschlag von Leonie oder Marvin und verfasse einen Text in deinem Heft, mit dem die Kinder über die wichtigsten Regeln informiert werden können.

Die Verständlichkeit von Verwaltungssprache reflektieren

1 Wie gut verstehst du Verwaltungssprache? Versuche, die Quizfragen zu beantworten. Kreuze an.

1. Was ist eine „Lebensberechtigungsbescheinigung“?
   - ☐ a. Stammbuch
   - ☐ b. Personalausweis
   - ☐ c. Aufenthaltsgenehmigung

2. Was ist eine „Bestallung“?
   - ☐ a. Parkhaus
   - ☐ b. Notunterkunft
   - ☐ c. Vormundschaft

3. Was ist eine „bedarfsgesteuerte Fußgängerfurt“?
   - ☐ a. Zebrastreifen
   - ☐ b. Fußgängerampel
   - ☐ c. Fußgängerzone

4. Was ist eine „Personenvereinzelungsanlage“?
   - ☐ a. Drehkreuz
   - ☐ b. Justizvollzugsanstalt
   - ☐ c. Wartezimmer

2 a) Untersuche den folgenden Text auf verwaltungssprachliche Formulierungen. Markiere diese.
b) Bestimmt kam dir der Inhalt des Textes bekannt vor. Notiere: Wie lautet der Titel ?

Im Kindsfall unserer Stadtgemeinde ist eine hierorts wohnhafte, noch unbeschulte Minderjährige aktenkundig, welche durch ihre unübliche Kopfbekleidung gewohnheitsrechtlich R. genannt zu werden pflegt.

Der Mutter besagter R. wurde seitens ihrer Mutter ein Schreiben zustellig gemacht, in welchem dieselbige Mitteilung ihrer Krank- und Pflegebedürftigkeit machte. R. wurde beauftragt, der Großmutter eine Sendung von Nahrungs- und Genussmittel zu Genesungszwecken zuzustellen. Vor ihrer Inmarschsetzung wurde die R. seitens ihrer Mutter über das Verbot betreffs Verlassen der Waldwege auf Kreis- und Bezirksebene belehrt.

Dieselbe machte sich infolge Nichtbeachtung dieser Vorschrift straffällig und begegnete beim Übertreten des amtlichen Blumenpflückverbotes einem polizeilich nicht gemeldeten Wolf ohne festen Wohnsitz.

Dieser verlangte in gesetzwidriger Amtsanmaßung Einsicht in das zu Transportzwecken von Konsumgütern dienende Korbbehältnis und traf in Tötungsabsicht die Feststellung, dass die R. zu ihrer verschwägerten und verwandten, im Baumbestand angemieteten Großmutter eilend war.

Da wolfseits Verknappungen auf dem Ernährungssektor vorherrschend waren, fasste er den Entschluss, bei der Großmutter der R. unter Vorlage falscher Papiere vorsprachig zu werden. [...]

Text leicht verändert

3 Verfasse für die folgenden Formulierungen je eine leichter verständlichere Alternative. Schreibe in dein Heft.

a. Der sich auf einem Dienstgang befindliche und im Forstwesen zuständige Waldbeamte B. vernahm Schnarchgeräusche und stellt deren Urheberschaft seitens des Tiermaules fest.

b. Zwecks diesbezüglicher Feststellung öffnete er unter Zuhilfenahme eines einseitig angeschliffenen und mit Spitze und Handgriff versehenen Stücks Bandstahl, welches im allgemeinen Messer genannt zu werden pflegt, den Kadaver zur Totvermarktung und stieß hierbei auf die noch lebhafte R. nebst beigefügter Großmutter.

Überprüfe dein Wissen und Können

1 Verfasse eine Erklärung für den unterstrichenen Begriff in *Leichter Sprache*.

Besondere Züge in Niedersachsen

In Niedersachsen fahren jetzt 5 besondere Züge.
Diese Züge fahren mit <u>Wasser·stoff</u>.

Die neuen Züge fahren zwischen Cuxhaven und Buxtehude.

2 Welche Formulierungen beschreiben dasselbe? Verbinde diese.

Nominalstil

a. Bei Einschränkung der Nutzung einzelner Angebote oder einzelner Betriebsteile oder bei Schließung des Bades im laufenden Betrieb besteht kein Anspruch auf Minderung oder Erstattung der Eintrittsentgelte. ○

b. Das Mitbringen von zerbrechlichen Behältern ist verboten. ○

c. Der Verzehr von Speisen der Gastronomie ist nur auf den dafür vorgesehenen bzw. gekennzeichneten Flächen gestattet. ○

d. Das Betreten des Badebereichs und der Duschräume mit Straßenschuhen ist verboten. ○

Verbalstil

○ 1 Zerbrechliche Behälter dürfen nicht mitgebracht werden.

○ 2 Der Badebereich und die Duschräume dürfen nicht mit Straßenschuhen betreten werden.

○ 3 Speisen der Gastronomie dürfen nur in den dafür vorgesehenen bzw. gekennzeichneten Flächen verzehrt werden.

○ 4 Wenn einzelne Angebote oder Betriebsteile eingeschränkt werden und nicht mehr genutzt werden können, oder das Bad im laufenden Betrieb geschlossen wird, dann haben Sie keinen Anspruch, dass Eintrittsentgelte gemindert oder erstattet werden.

3 Verfasse in deinem Heft eine leichter verständlichere Alternative des folgenden Textes.

Straßenverkehrs-Ordnung (StVO): § 13 Einrichtungen zur Überwachung der Parkzeit

(1) An Parkuhren darf nur während des Laufens der Uhr, an Parkscheinautomaten nur mit einem Parkschein, der am oder im Fahrzeug von außen gut lesbar angebracht sein muss, für die Dauer der zulässigen Parkzeit gehalten werden. Ist eine Parkuhr oder ein Parkscheinautomat nicht funktionsfähig, darf nur bis zur angegebenen Höchstparkdauer geparkt werden. [...]

Schätze deinen Lernstand ein:

☐ Die Aufgaben konnte ich weitgehend gut lösen.
☐ Mir fielen nicht alle Aufgaben leicht.
Folgende Aufgaben oder Seiten übe ich noch einmal: ____________

Politische Sprache analysieren und interpretieren

Sprache und Politik sind eng miteinander verbunden. Mithilfe politischer Kommunikation wird informiert, versprochen, gepostet, beeinflusst, aber auch diskriminiert. Dabei wollen alle Sprecherinnen und Sprecher aktiv das öffentliche Leben durch Sprache mitgestalten.

Armin Burkhardt

Politolinguistik: Benennungsprobleme

Als Bezeichnungen für die öffentliche Kommunikation über politische Fragen und für die mit deren wissenschaftlicher Analyse beschäftigte Forschungsdisziplin sind zahlreiche konkurrierende Begriffe im Umlauf. [...] Um Ordnung in das beschriebene Dickicht konkurrierender Benennungen zu bringen, schlage ich vor, Politische Sprache als Oberbegriff zu verwenden. Dieser soll, alle Arten öffentlichen, institutionellen und privaten Sprechens über politische Zusammenhänge umfassen und wird charakterisiert durch die Verwendung von lexikalischen und stilistischen Sprachmittel. [...]

Auch wenn sich die Schichten in der Praxis [...] vielfältig überkreuzen, könnte man die „Funktionssprache“ im engeren Sinne als institutionsinterne Sprache in der Politik und die auf Außenwirkung berechnete „Meinungssprache“ als eigentliche, unidirektional über die Medien an die unterschiedlichen Bürger/-innen gerichtete Politikersprache verstehen. Auch wenn beide Formen in unterschiedlichen Situationen verwendet werden, sind sie an Kommunikationspartner/-innen gerichtet und man kann sie unter dem Dach der Politiksprache zusammenfassen. Dieser steht das private bis halböffentliche Sprechen über Politik gegenüber. Zwischen der Politiksprache einerseits und dem Sprechen über Politik andererseits vermittelt die Politische Mediensprache als Kommunikationsform des politischen Journalismus.

Text leicht verändert

1 Lies den oben stehenden Infotext und ergänze den Lückentext zum Sprachphänomen Politische Sprache.

Der Begriff ______________________ (1) umfasst das ______________________ (2), ______________ (3) und ____________________ (4) Sprechen über politische Zusammenhänge im weiten Sinn. Als ________________________ (5) versteht man einerseits die Sprache, die von Politikerinnen und Politikern verwendet wird, um die Wählerinnen und Wähler zu überzeugen und eine breite Außenwirkung zu erzeugen, die sogenannte ______________________ (6), andererseits die innerhalb der einzelnen Resorts und Institutionen von Politikern verwendet wird, die sogenannte ____________________ (7). Eine eigene sprachliche Form ist die ________________________ (8), die vor allem in der medialen Begleitung von Politikerinnen und Politikern durch Journalistinnen und Journalisten verwendet wird.

Antrag zur Beratung im Deutschen Bundestag

Bildungsföderalismus reformieren und Bildungsgerechtigkeit zukunftsfest gestalten

Bildung ist ein Menschenrecht und Teil der gemeinsamen Daseinsvorsorge. Sie dient der Persönlichkeitsentwicklung und ist ein Schlüssel für ein selbstbestimmtes Leben, für erfolgreiche berufliche Tätigkeit und für demokratische Mitwirkung – sie bildet die Basis unserer Gesellschaft. Der Abbau vielfacher und langjährig beklagter Bildungsungerechtigkeit in Deutschland muss daher als gemeinschaftliche Aufgabe von Bund und Ländern und Kommunen gestaltet werden. Der grundgesetzliche Anspruch auf gleichwertige Lebensverhältnisse, mithin auch auf gleichwertige Zugänge zu guter Bildung, muss gesellschaftliche Realität werden. Ohne Gleichwertigkeit und Gerechtigkeit bei gemeinsamen Rahmenbedingungen ist Bildungsgerechtigkeit nicht denkbar.

Struktur und Zuständigkeiten im Bildungssystem werden diesem Anspruch auf Gleichwertigkeit und Gerechtigkeit jedoch immer weniger gerecht. Unterschiedliche soziale Rahmenbedingungen für erfolgreiches Lernen, wie unter anderem das Angebot an Ganztagsbetreuung und Gemeinschaftsschulen, die Ausstattung mit Lehr- und Lernmitteln, bis zu fehlenden Standards in der Weiterbildung, treffen auf einen unüberschaubaren Dschungel verschiedener Gesetze, Schulstrukturen, Zugangsvoraussetzungen, Anerkennung von Bildungsabschlüssen und unterschiedlicher Regelungen zu Schulpflicht und Zugang zu beruflicher Bildung. Diese Unterschiede markieren den gravierenden Mangel an Vergleichbarkeit und Bildungsgerechtigkeit. […] Das Ausmaß sozialer Ungleichheit innerhalb und zwischen den Ländern ist zu groß, als dass diese Entwicklungen nicht auch in der aktuellen Verfasstheit föderaler Zuständigkeiten und insbesondere in deren Fragmentierung liegen. Hinzu kommen neue Anforderungen an Lern- und Prüfungskulturen im 21. Jahrhundert. All diese neuen Herausforderungen können jedoch nur als Gemeinschaftsaufgabe bewältigt werden.

Sozial-ökologischer Umbau durch Bildung für nachhaltige Entwicklung, die Umsetzung des Rechts auf Inklusion für alle Lernenden und Lehrenden, Bildung in digitaler Gesellschaft. […]: Das Bildungssystem in Deutschland ist weder gerecht, noch krisenfest oder zukunftsfähig.

Eine Reform des Bildungsföderalismus ist somit überfällig.

Vielfalt und Dezentralität sind auch künftig wichtige bildungspolitische Prämissen, regionale Identitäten sind prägend für erfolgreiche Bildung. Länderzuständigkeit für bildungspolitische Entscheidungen sollen deshalb dem Grunde nach erhalten bleiben. Eine Zusammenarbeit in Sachen Bildungspolitik, insbesondere im Bereich der Schulpolitik, ist heute nur auf eng begrenzten Wegen möglich. Es zeigt sich immer deutlicher, dass Bildung als Gemeinschaftsaufgabe von Bund, Ländern und Kommunen im Sinne eines kooperativen Föderalismus grundgesetzlich verankert und politisch ausgestaltet werden muss. […]

Erforderlich sind einheitliche und verbindliche Standards, auf die sich alle am Bildungssystem Beteiligten verlassen können und die die Mobilität erleichtern sowie gleichermaßen dezentrale Flexibilität für individuelles Lernen ermöglichen, den regionalen Gegebenheiten gerecht werden und die Ungleichheiten in und zwischen den Ländern und Kommunen ausgleichen. […]

Der Deutsche Bundestag fordert die Bundesregierung auf,

1. die notwendige Reform des Bildungsföderalismus auf den Weg zu bringen und […];
2. unter Einbeziehung der Länder sowie von Schüler- und Elternvertretungen, Gewerkschaften und einschlägigen Wissenschaftlerinnen und Wissenschaftlern einen Entwurf für ein Bildungsrahmengesetz zu erarbeiten und dem Bundestag vorzulegen, in dem übergreifende Rechte, Ziele und Standards verankert werden, um Vergleichbarkeit und Bildungsgerechtigkeit in allen Bildungsbereichen bundesweit einheitlich zu sichern.

2 Eine Kernaufgabe des Deutschen Bundestages ist es, täglich unterschiedlichste Themen zu debattieren. Eine Fraktion hat den oben stehenden Antrag für die nächste Sitzung eingereicht.

a) Lies den Antrag (S. 81) und sammle in der Mindmap Bereiche, in denen es laut diesem Veränderungen geben muss, um die Bildungsgerechtigkeit zu realisieren.

b) Recherchiere weitere Informationen zu dem Thema und ergänze die Mindmap.

c) Überlege, welche Meinung du zu diesem Thema vertrittst und verfasse ein Statement. Wähle dafür eine passende Strategie, um von deiner Meinung zu überzeugen.

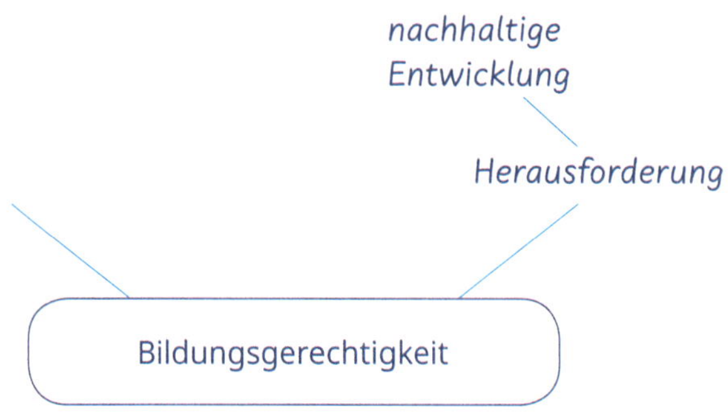

Statement:

Merkmale politischer Kommunikation erkennen

1 Mit der obenstehenden Abbildung sollen in einem Deutschbuch die Merkmale politischer Kommunikation dargestellt werden. Verfasse dazu einen passenden Informationstext in deinem Heft.

2 Immer häufiger findet politische Kommunikation im Rahmen der sozialen Medien statt.
a) Vergleiche die beiden Beiträge und sammle deine Ergebnisse auf den Spickzetteln.
b) Diskutiert die jeweilige Aussage, Zielgruppe und Strategie der beiden Beiträge.

Friedrich Merz @_FriedrichMerz

„Ich versuche als Oppositionsführer einen Mittelweg zu finden: Nicht nur kritisieren, sondern auch Alternativen entwickeln. Dass das funktioniert, sehen Sie daran, dass die #Ampel etliche unserer Forderungen ins #Entlastungspaket übernommen hat." (tm) #sommerinterview

Christian Lindner @c_lindner

Das #Entlastungspaket zeigt: Wir sind handlungsfähig. Wir entlasten Menschen, die von sozialen Härten bedroht sind. Gleichzeitig sorgen wir auch für die breite Mitte. Mit dem Abbau der #KaltenProgression wenden wir eine Belastung für sie ab. Das hält die Gesellschaft zusammen. CL

Statement Friedrich Merz

Aussage:

Zielgruppe:

Strategie:

________________:

Statement Christian Lindner

Aussage:

Zielgruppe:

Strategie:

________________:

Politisch besetzte Begriffe einordnen

1 Eine Besetzung der Begriffe sei eine „Revolution neuer Art“, eine „Revolution der Gesellschaft durch die Sprache“ (Biedenkopf 1982).
Erkläre, was der ehemalige CDU-Generalsekretär unter diesem Sprachphänomen versteht.

2 Erstelle mithilfe des Informationstextes auf der folgenden Seite eine Infografik, die zeigt, wie der Begriff *Neue Mitte* im Laufe der Zeit unterschiedlich besetzt wurde.

Thorsten Eitz

Das Beispiel „Neue Mitte“

Das Beispiel der Auseinandersetzung um das Schlagwort „Neue Mitte“ zeigt exemplarisch, wie diese Strategien angewendet werden und wie langlebig derartige semantische Kämpfe sein können: Der Ausdruck „Mitte“ war und ist als Hochwertvokabel für alle politischen Lager attraktiv. Im Sinne von „Zielgruppe“ steht Mitte für die Mehrheit der Wähler, die es bei Wahlen zu erobern gilt. Bis Ende der 1960er-Jahre war das Wort eher mit den bürgerlichen Parteien CDU, CSU und FDP assoziiert.
Um das zu ändern, prägte Bundeskanzler Willy Brandt auf einem Parteitag der SPD 1972 den Ausdruck neue Mitte, worunter er nicht mehr die Wähler der bürgerlichen Parteien, sondern die sozial-liberale Regierungspolitik verstanden wissen wollte. [...] Mit dieser Wortprägung versuchte er zum einen, von den positiven Assoziationen des Ausdrucks Mitte zu profitieren, zum anderen ging es ihm darum, ihn mit dem Zusatz neu und durch eine andere inhaltliche Füllung umzudeuten und damit den bürgerlichen Parteien quasi zu entreißen. Die Opposition widersetzte sich dieser Uminterpretation und versuchte, den Ausdruck für sich zu reklamieren, indem sie Brandts Umdefinition als „unrichtig“ hinstellte. So erklärte z. B. Franz-Josef Strauß (CSU): „Die neue Mitte, die Sie darstellen wollen, gibt es gar nicht. Entweder ist es die alte Mitte, dann ist es auch die neue Mitte – oder es ist keine Mitte.“ [DER SPIEGEL, 29.1.1973]

Ab Mitte der neunziger Jahre wurde der Ausdruck neue Mitte abermals Gegenstand der öffentlichen Auseinandersetzung. Im Bundestagswahlkampf 1994 definierte sich die Regierungskoalition aus CDU/CSU und FDP als Koalition der Mitte und warb mit dem Slogan „Politische Mitte oder Linksbündnis“. Dem versuchte die SPD im Bundestagswahlkampf 1998 in Anlehnung an Tony Blairs New Labour oder Bill Clintons New Democrats eine neue Mitte entgegenzusetzen, worunter Kanzlerkandidat Schröder eine Politik verstand, die „die Eigenverantwortlichkeit der Menschen fördert und sie stärkt“ und die „für Solidarität und Innovation, für Unternehmungslust und Bürgersinn, für ökologische Verantwortung und eine politische Führung“ [Regierungserklärung des Bundeskanzlers Gerhard Schröder vom 10.11.1998] steht.
Umstritten war hier vor allem die Frage, ob die Strategie der SPD darin bestünde, die Vokabel Mitte zu „besetzen“ und ihre positive Konnotation für sich in Anspruch zu nehmen oder ob ihre Verwendung für eine programmatische Neudefinition der politischen Mitte stünde. Aus Sicht von Union und FDP ging es Schröder vor allem um Wortokkupation. Die Presse kritisierte an Schröders Wortprägung, dass sie ohne Kontur sei, „eine politische Leerformel“.

3 a) Recherchiere für die folgenden Begriffe, ob es sich dabei um politisch besetzte Begriffe handelt. Kreuze an.

☐ a. Klimakleber ☐ b. Abwärtsspirale ☐ c. Altparteien
☐ d. Mega-Aufschläge ☐ e. Inflationsangst ☐ f. Fahrplan

b) Wähle einen der besetzten Begriffe aus und beschreibe kurz: Wie ist der Begriff besetzt und in welcher Bedeutung wird er verwendet?

Politische Schlagwörter erkennen

1 a) Ordne den Strategien für die Besetzung von Begriffen (A–E) deren jeweiliger Definition (a–e) und ein konkretes Beispiel (1–5) zu, indem du sie miteinander verbindest.
b) Finde jeweils ein weiteres Beispiel. Notiere dieses unten.

Strategie	Definition	Beispiel
A Wortprägung	*a Diese Wörter dienen den Befürwortern einer Position als positive Schlagwörter zur Solidarisierung und Identifikation mit einem bestimmten Ziel.*	*1 „Flüchtlings-Tsunami überrollt Europa: Jeden Tag kommen tausende Flüchtlinge aus Afrika"*
B Metapher	*b Diese Wörter dienen durch ihre negative Bewertung der damit bezeichneten Personen, Gegenstände oder Sachverhalte der Aus- und Abgrenzung.*	*2 Der Begriff „Generationengerechtigkeit" beschreibt die Gerechtigkeit der Verteilung von materiellen Ressourcen, Lebenschancen und -qualität unter den Generationen. Egal welche Politik man mache, niemand könne sagen, dass ihm Generationengerechtigkeit egal sei.*
C Fahnenwörter	*c Die Prägung der jeweiligen Bezeichnung ist der Versuch, den eigenen Standpunkt und die eigene Beurteilung des Problems im öffentlichen Bewusstsein zu verankern oder durchzusetzen.*	*3 Die CDU griff mit den Begriff „Chancengleichheit" ab 1972 die Bildungspolitik der sozial-liberalen Regierung an. Sie interpretierte den Wortteil gleich als „Gleichmacherei in der Bildung" und versuchte so, die positive Nebenbedeutung des Ausdrucks zu demontieren.*
D Stigmawörter	*d Es handelt sich um positive Schlagwörter, die Zielvorstellungen bezeichnen, die allgemein positiv bewertet sind und gegen die man nur schwerlich etwas haben kann.*	*4 Die SPD setzte den Begriff „Chancengleichheit" ab Mitte der 60er-Jahre als Bezeichnung für das von ihr vertretene bildungspolitische Konzept ein, durch die Einführung von Gesamtschulen bessere Zugangsmöglichkeiten zu höheren Schulen insbesondere für sozial schwächer gestellte Kinder zu schaffen.*
E Hochwertwörter	*e Es handelt sich um Wörter oder Wendungen mit bildhafter, übertragener Bedeutung. Sie sind deshalb so attraktiv, weil sie komplexe Sach- und Problemverhalte vereinfachend und verständlich darstellen.*	*5 unterschiedliche Bezeichnungen in der Diskussion für die Anerkennung der polnischen Westgrenze bis 1990:* • *Gegner der Anerkennung: „Oder-Neiße-Linie" (Linie = Provisorium)* • *Befürworter: „Oder-Neiße-Grenze" (Grenze = verbindlicher Charakter)* • *DDR: „Friedensgrenze"*

Weitere Beispiele:

A ______________________

B ______________________

C ______________________

D ______________________

E ______________________

Jährlich wird im Rahmen der sprachkritischen Aktion „Unwort des Jahres" ein Begriff gesucht, der in Medien und Politik häufig benutzt wird, aber keine glückliche Wortwahl darstellt. Diese sprachlichen Ausdrücke werden als *Unwörter* bezeichnet, weil sie häufig entweder gedankenlos oder mit kritikwürdiger Absicht vor allem im öffentlichen Kontext eingesetzt werden. Ziel der jährlichen Nominierung ist es, den Gebrauch dieser Wörter zu kritisieren und zu reflektieren. Sprecherinnen und Sprecher sollen für diskriminierende, stigmatisierende, euphemisierende, irreführende oder menschenunwürdige sprachliche Handlungen sensibilisiert werden.

2 Untersuche die unten aufgeführten Wörter.
a) Formuliere in einem Satz, was sie bedeuten könnten.
b) Diskutiert, warum diese Wörter als Unwort des Jahres ausgezeichnet wurden und fasse die Begründung kurz zusammen.
c) Schlage einen Begriff vor, der das Unwort ersetzt (Alternativbegriff).

a. alternative Fakten (2017)

Bedeutung: ______________________

____

Begründung: ______________________

____

Alternativbegriff: ______________________

b. Klimahysterie (2019)

Bedeutung: ______________________

____

Begründung: ______________________

____

Alternativbegriff: ______________________

c. Rückführungspatenschaften (2020)

Bedeutung: ______________________

____

Begründung: ______________________

____

Alternativbegriff: ______________________

Sprachlicher Diskriminierung entgegnen

Produkt A:
Enthält einen Fasermaler mit hellem Hautton (Paket aus 30 Fasermalern)

Produkt B:
Dreifarbige Sklavensandalen (Lederflipflop einer Modemarke)

Produkt C:
White is purity (Anti-Transpirant, das keine Rückstände auf Kleidung hinterlässt)

1 Beurteile das Marketing für die aufgeführten Produkte und schreibe deine Meinung stichpunktartig auf (ca. 5-7 Sätze).

Tipp

Der Begriff Mohr ist eine veraltete und diskriminierende Bezeichnung für einen Mann mit dunkler Hautfarbe. Er entsteht bereits im Mittelhochdeutschen und leitet sich vom lateinischen *Maurus = Bewohner Mauretaniens* (Gebiet in Nordwestafrika) ab.

2 Im Rahmen der Rassismus-Debatte in der Werbung haben mehrere Traditionsfirmen ihre Logos und Werbeslogans geändert. Eine der ersten Firmen war ein Traditionsunternehmen für Schokolade, das 2004 sein Logo änderte und nicht mehr mit einer Person of Color, sondern mit einem Magier warb. Mittlerweile ist die Figur ganz aus dem Logo verschwunden. Wie bewertest du die Repositionierung der Marke? Kreuze auf der Skala an und begründe deine Einschätzung.

überzogen 0 ——————————— 10 absolut notwendig

Begründung:

Mehrsprachigkeit untersuchen

Mehrsprachigkeit betrifft alle Sprecherinnen und Sprecher in Europa in verschiedenen Formen (z. B. Alltagssprache, Familiensprache, Fachsprache, Dialekt). Mündige Bürgerinnen und Bürger sollen ein Bewusstsein dafür entwickeln, dass alle sprachlichen Ressourcen wertvoll sind. Ein Ziel in Europa ist es daher, die sprachliche Vielfalt zu erkennen und zu nutzen.

1 Befrage deine Mitschülerinnen und Mitschüler und fülle den folgenden Fragebogen aus.

a. Wer von euch spricht mehr als eine/zwei/drei Sprache(n)?
Welche Sprachen sind das?

____

____

b. Wer von euch verwendet verschiedene Sprachen in verschiedenen Situationen?
Wann und warum verwendet ihr die Sprachen?

____

____

c. Wer von euch spricht zu Hause eine andere Sprache als in der Schule?
Welche ist das?

____

____

d. Wer von euch spricht mit Freundinnen und Freunden eine andere Sprache als Deutsch? Nennt Gründe dafür.

____

____

e. Wie bewertest du den Vorschlag, dass die am häufigsten gesprochenen Familiensprachen in Deutschland (z. B. Türkisch, Polnisch, Kurdisch, Arabisch) als eigenes Unterrichtsfach anstelle klassischer Schulsprachen (z. B. Französisch, Latein, Spanisch) angeboten werden?

☐ ich stimme dem Vorschlag zu ☐ ich stimme dem nicht Vorschlag zu

2 Ⓐ Stelle in einem Säulendiagramm dar, welche Fremdsprachen in eurer Klasse wie oft gesprochen werden.
Ⓑ Stelle in einem Kreisdiagramm dar, in welchen Situationen wie häufig Fremdsprachen gesprochen werden.

Überprüfe dein Wissen und Können

1 Deine Schule bietet für die 10. Jahrgangsstufe den Geschichtsunterricht entweder in deutscher Sprache oder auch bilingual in französischer Sprache an. Du diskutierst mit deiner Freundin oder deinem Freund, was ihr belegen wollt. Finde Argumente für beide Möglichkeiten und entscheide dich am Ende für eine Variation.

Pro-Argumente für den Geschichtsunterricht ...	
... in deutscher Sprache	**... bilingual in französischer Sprache**

Meine Meinung:

2 Wähle eines der Statements. Erkläre, welche Aussage jeweils getroffen wird und welche sprachlichen Phänomene du dabei beobachten kannst.

a. „Diese ständigen Panikattacken aus Berlin können auf Dauer nicht richtig sein". (Markus Söder, CSU)
b. „Das sind vulgäre und unanständige Gewinne". (Kevin Kühnert, SPD, zu Zufallsgewinnen)
c. „Das normale Volk muss wieder sagen, wo es lang geht!" (Hubert Aiwanger, Freie Wähler)

3 a) Betrachte den folgenden Beitrag. Markiere in den jeweiligen Farben: Wortprägungen, Fahnenwörter, Hochwertwörter.

b) Beschreibe die politische Kommunikation in dem Beitrag. Gehe dabei auch auf die jeweiligen Strategien der Sprecherin ein.

BMBF
@BMBF_Bund

Was sich das #Chancenministerium bei #Bildung und #Forschung in den kommenden Jahren vornimmt, das fasste die Bundesministerin Bettina @starkwatzinger heute im #Bundestag zusammen.

Zur ganzen Rede: ow.ly/4f5X50HtvJT

12:14 nachm. · 13. Jan. 2022

4 a) Bewerte die folgenden drei Produktnamen.

a. Armani Black Code b. Uncle Ben's c. Schwedenbomben

sprachlich problematisch 0 ———————— 10 unproblematisch

b) Begrüde deine Bewertungen. Schreibe dazu in dein Heft.

Schätze deinen Lernstand ein

☐ Die Aufgaben konnte ich weitgehend gut lösen.
☐ Mir fielen nicht alle Aufgaben leicht.
Folgende Seiten oder Aufgaben übe ich noch einmal: ____________

Sprachwandel in der Schrift nachvollziehen

Tipp

Bei manchen Wörtern hängt es von der Begründung ab, wo du sie einordnen musst.

1 Sortiere die Wörter im Kasten in die Tabelle ein: Handelt es sich um Konkreta oder um Abstrakta?

Sahne Hass Freundschaft Buch Gehör Vorstellung Kraft
Fahrzeug Religion Unterricht Schule Netzwerk Zeit

Konkreta	Abstrakta

2 a) Notiere, welche Pronomina du im Deutschen großschreibst und wann.

b) Recherchiere, für mindestens zwei weitere Sprachen (z. B. Englisch), wie sich die Schreibung von Pronomina dort verhält. Notiere deine Ergebnisse.

3 Prüfe für die folgenden Wörter mit <ß>, ob sie ähnlich wie das Wort Fuß früher eher mit <ss> geschrieben wurden. Kreuze an. Du kannst dafür den Ngram Viewer oder ein ähnliches Programm verwenden.

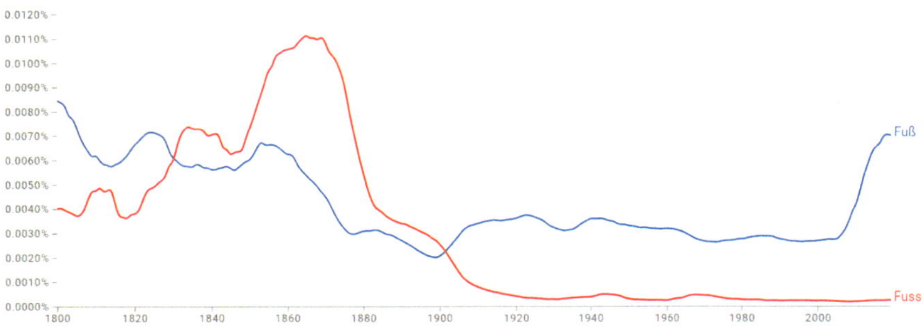

	eher mit <ss>	eher mit <ß>
a. Fuß	x	
b. Gruß		
c. Größe		
d. Maß		
e. Stoß		

4 a) Beschreibe den in der Grafik abgebildeten Wandel im Gebrauch der beiden Varianten Stängel und Stengel.

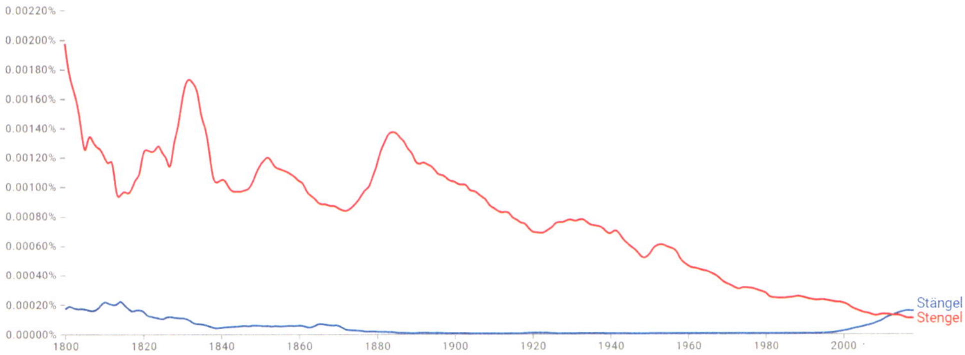

b) Kreuze Erklärungen an, die du für diesen Wandel als möglichen Hintergrund erachtest.

◯	a. Änderung in der Normierung der Schreibung: Im amtlichen Regelwerk wurde eine Änderung vorgenommen.
◯	b. Es kommt zu einem Unterschied in der Aussprache: Inzwischen wird im Wort „Stängel" ein deutliches „ä" hörbar.
◯	c. Änderung in der zu Grunde liegenden Herleitung der Schreibung: Die Wortverwandtschaft mit „Stange" wird nun gegenüber der Lautung mit hörbarem „e" bevorzugt in der Schrift gekennzeichnet.
◯	d. Die Änderung ist einer aktuellen Tendenz geschuldet, Wörter vorne mit „ä" statt mit „e" zu verschriften.

c) Recherchiere die Herkunft des Wortes Stängel. Notiere die unterschiedlichen Varianten, die du findest.

Niederdeutsch aussprechen und verschriften

1 Recherchiere die sogenannte Benrather Linie. Zeichne ihren ungefähren Verlauf in der nebenstehenden Karte ein.

2 a) Mit der Benrather Linie sind Gebiete gekennzeichnet, die von der zweiten Lautverschiebung betroffen sind (südlich der Linie), und solche, die dies nicht sind (nördlich der Linie). Arbeite aus der folgenden Tabelle heraus, was das für die Aussprache der Dialekte südlich der Linie bedeutet. Notiere deine Ergebnisse.

	Althochdeutsch	Dialekte südlich der Linie	Englisch
p → pf	pfunt apful	Pfund Apfel	pound apple
t → (t)s	ziohan sezzen	ziehen setzen	Ae. téon sit
k → k/ch	wekken mahhon	wecken machen	wake make

Text leicht verändert

Wortbeispiele für die zweite Lautverschiebung (600–800 n. Chr.) im Althochdeutschen und in den heutigen Dialekten südlich der Benrather Linie; im Vergleich dazu das Englische, das die Lautverschiebung wie die Dialekte nördlich der Linie nicht mitgemacht hat.

b) Die niederdeutschen Dialekte und das Englische haben die zweite Lautverschiebung nicht mitgemacht. Schreibe auf, welche Aussprachen und damit verbundene Schreibungen du für die folgenden Wörter im Niederdeutschen erwarten würdest.

a. PFUND ______ b. APFEL ______
c. ZIEHEN ______ d. WECKEN ______
e. SITZEN ______ f. MACHEN ______

Interpunktionszeichen benutzen und verstehen

1 Suche im Wortgitter die Namen der zwölf Interpunktionszeichen des Deutschen.

N	A	S	Z	P	G	E	D	A	N	K	E	N	S	T	R	I	C	H
U	I	U	U	N	M	A	S	U	K	U	N	R	E	K	S	T	R	E
K	R	L	S	E	M	I	K	O	L	O	N	T	T	U	N	U	F	N
F	L	I	A	L	A	N	A	R	A	M	U	A	R	N	L	E	U	S
R	K	O	M	M	A	L	U	T	M	L	O	N	V	P	O	D	A	T
A	E	E	I	L	P	S	D	I	M	E	B	H	X	L	B	K	N	A
G	X	H	L	A	O	E	S	M	E	I	I	I	P	E	F	E	G	L
E	W	T	P	M	S	R	L	U	R	T	N	C	U	P	R	Z	E	M
Z	S	I	E	L	T	A	N	E	N	U	D	H	N	P	O	E	S	I
E	I	R	S	E	R	T	I	Q	L	G	E	E	T	O	N	L	O	N
I	A	O	F	P	O	N	K	O	I	N	S	N	F	D	S	S	I	E
C	V	D	A	R	P	D	T	X	S	A	T	P	U	D	U	P	N	R
H	G	S	E	A	H	O	P	J	K	E	R	I	U	M	W	U	L	S
E	H	I	N	Z	I	P	U	N	D	R	I	H	M	N	L	N	W	P
N	A	U	S	R	U	F	E	Z	E	I	C	H	E	N	K	K	K	T
G	Y	O	E	C	X	U	S	A	R	P	H	B	M	N	E	T	M	A
N	E	H	C	I	E	Z	S	G	N	U	R	H	E	U	F	N	A	E

2 a) Setze in der folgenden E-Mail an eine Lehrerin die Interpunktionszeichen so, wie es für diese Situation zweckmäßig, korrekt und passend ist. Kreise Buchstaben ein, die du nach einem Interpunktionszeichen großschreiben musst.

Sehr geehrte Frau Meyer

die Deutschstunde gestern hat mir sehr viel Spaß gemacht mir gefällt das Thema Naturlyrik sehr mit den Hausaufgaben habe ich aber größere Probleme gehabt zum Beispiel fand ich es sehr schwer das Metrum zu bestimmen deshalb würde ich mich sehr freuen wenn wir dazu morgen noch eine Übung oder sowas machen könnten außerdem glaube ich dass es gut wäre noch eine Übung zu Stilmitteln die können wir nämlich alle nicht mehr zur Kadenz und zur Deutung zu machen

Vielen Dank und beste Grüße

Lana Schmidt

b) Reflektiere über die Situation, indem du die folgenden Fragen stichwortartig beantwortest.

a. Was ist der Zweck der E-Mail? ______________________

____

b. Wie ist das Verhältnis der Kommunikationspartnerinnen? Wie sollte ihr Umgang miteinander sein? ______________________

____

c. Welche Interpunktionszeichen sind für diesen Kontext angemessen? ______________________

c) Prüfe deine Interpunktion aus 2 a) und nimm ggf. Verbesserungen vor. Kreuze an, wenn du mit der Überprüfung fertig bist.

- ☐ Hast du situativ angemessene Interpunktionszeichen verwendet?
- ☐ Ist die Interpunktion korrekt?
- ☐ Erfüllen die verwendeten Interpunktionszeichen jeweils ihren Zweck?
- ☐ Kann man den Zweck mit einer anderen Interpunktion ggf. besser erfüllen?

3 a) Lies den untenstehenden Romanauszug aus Paulo Coelhos „Elf Minuten" (2003) und beantworte zur Reflexion die folgenden Fragen. Bedenke dabei, dass Romane der Unterhaltung dienen.

a. Wie ist die Stimmung in dem Auszug? ______________________

b. Welche Interpunktionszeichen sind für diese Situation angemessen? ______________________

b) Setze nun die Interpunktionszeichen in dem Auszug so, wie es dir für die Situation zweckmäßig, korrekt und passend erscheint. Kreise Buchstaben ein, die du nach einem Interpunktionszeichen großschreiben musst.

Paulo Coelhos

Elf Minuten (2003)

So ging es mehrere Monate lang Maria die im Grunde nicht gern lernte und in ihrer Freizeit nur vor dem Fernseher saß konnte den nächsten Schultag jeweils kaum erwarten im Gegensatz zu ihren Altersgenossinnen fand sie die Wochenenden todlangweilig da die Zeit einem jungen Menschen viel länger vorkommt als einem Erwachsenen erschien es ihr unerträglich dass jeder Tag ihr nur zehn Minuten mit ihrem Liebsten bescherte und dafür unendlich viele Stunden in denen sie an den Jungen nur denken und sich ausmalen konnte wie schön es wäre mit ihm zu reden und dann geschah es eines Morgens sprach der Junge sie an und bat sie ihm einen Bleistift zu leihen [...]

Text leicht verändert

4 Erkläre, worin sich die Kommunikationssituationen in den Aufgaben 2 und 3 unterscheiden und wie sich in Abhängigkeit davon die von dir eingesetzte Interpunktion unterscheidet.

____

____

____

____

Seltene Interpunktionszeichen verwenden

1 a) Sandra fällt es schwer, das Semikolon passend zu nutzen. Zeige ihr anhand des folgenden kurzen Texts, wo sie ein Semikolon setzen kann. Markiere dazu Stellen, an denen ein Semikolon gut passen würde.

Finns Geburtstag war in zwei Tagen, daher musste Veronika dringend ein Geschenk finden. Aber was schenkt man eigentlich einem 12-Jährigen, dem die Eltern schon alles gekauft haben? – Vielleicht ein spannendes Buch, Videospiele, Socken oder Geld … Alles irgendwie blöd. Innerlich verfluchte Veronika ihren Bruder, der schon so früh ein Kind bekommen hatte, dass sie mit 17 die Patentante von einem 12-Jährigen war. Andererseits liebte sie Finn, ihr Patenkind, über alles. Er sollte ein tolles Geschenk bekommen! Die Frage war nur: Was?

b) Erkläre kurz, warum dir die markierten Stellen für ein Semikolon passend erscheinen.

c) Erkläre Sandra in eigenen Worten, was man als Schreiberin oder Schreiber allgemein mit dem Semikolon tun kann.

Mit dem Semikolon kann man

2 a) Prüfe für die folgenden Fälle, ob der Apostroph korrekt ist oder nicht. Notiere für inkorrekte Verwendungen eine korrekte Form.

Wort	✓/✗	Korrektur	Wort	✓/✗	Korrektur
a. LKW's			e. Alex'		
b. geht's			f. 'nen		
c. Paul's			g. 'n		
d. in's			h. Auto's		

b) Notiere für die Fälle aus 2 a), was der Apostroph jeweils konkret leistet, bzw. warum der Apostroph inkorrekt ist.

a. ______ e. ______

b. ______ f. ______

c. ______ g. ______

d. ______ h. ______

c) Formuliere einen allgemeinen Satz dazu, was der Apostroph leistet.

______

______

______

______

3 Kreuze von den folgenden Aussagen zu selteneren Interpunktionen nur die zutreffenden an.

- ◯ a. Der Gedankenstrich ist länger als der Bindestrich.
- ◯ b. Es gibt Stellen, an denen ein Semikolon stehen muss.
- ◯ c. Die Auslassungspunkte funktionieren genau wie der Apostroph.
- ◯ d. Mit den Klammern markiert man, dass etwas nebensächlich ist.
- ◯ e. Am Ende von indirekten Fragen steht ein Punkt.
- ◯ f. Der Punkt nach einzelnen Wörtern ist verboten.
- ◯ g. Eine korrekte Interpunktion kann situativ angemessen oder unangemessen sein.
- ◯ h. Der Apostroph hat die Form einer kleinen Sechs.
- ◯ i. Die Anführungszeichen unten sind eine kleine 99, die oberen eine kleine 66.

Rechtschreibung und Zeichensetzung überarbeiten

1 a) Emil hat eine Gedichtinterpretation zu Conrad Ferdinand Meyers „Zwei Segel" (1882) wie folgt begonnen. Lies den Text und markiere enthaltene Rechtschreib- und Zeichensetzungsfehler.

In dem Gedicht „Zwei Segel" von Conrad F. Meyer von 1882, geht es um zwei Boote die zwei Liebende Symbolisieren. Beide Boote reagieren aufeinander, wechselseitig. Das zeigt die Harmonie zwischen den beiden.

Das Gedicht ist in drei Strophen, mit jeweils vier Versen eingeteilt. In der ersten Strophe, wird beschrieben, wie zwei Segel, die die beiden Boote als Pars pro toto (ein Segel steht für ein Boot) darstellen durch eine Bucht Segeln (vgl. V. 1–4). Die zweite Strophe zeigt, das das eine Boot macht, was das andere auch tut (vgl. V. 5–8). In der dritten Strophe, geht es damit weiter: Wenn ein Boot schnellfährt, fährt auch das andere schnell; wenn eins langsam wird, so wird das auch das andere (vgl. V. 9–12).

Alle drei Strophen sind in einem Kreuzreim verfasst wodurch die Gegenseitigkeit und die Verschränktheit der beiden Segel, offenbar wird: Wenn der Wind eines bewegt, so bewegt sich auch das andere (vgl. Strophe 2).

Das reagieren der beiden Boote aufeinander, lässt die Vermutung zu, dass damit zwei Liebende gemeint sind, die sich im Einklang zueinander befinden. Wenn eines empfindet, empfindet auch das Andere (vgl. V. 7/8).

Die Formulierung mit „Empfinden" (V. 7) ist ein weiterer Hinweis darauf, dass die beiden Boote menschlich sind denn Boote haben typischerweise keine Emotionen. […]

Conrad Ferdinand Meyer

Zwei Segel (1882)

Zwei Segel erhellend
Die tiefblaue Bucht!
Zwei Segel sich schwellend
Zur ruhiger Flucht!

Wie eins in den Winden
Sich wölbt und bewegt,
Wird auch das Empfinden
Des anderen erregt.

Begehrt eins zu hasten,
Das andre geht schnell,
Verlangt eins zu rasten,
Ruht auch sein Gesell.

b) Ein Rechtschreibphänomen fällt Emil noch besonders schwer. Kategorisiere und zähle die Fehler. Ermittle so, was Emils Hauptproblem ist.

Fehlerkategorie	Textstellen	Anzahl

c) Überlege oder recherchiere, welche Rechtschreibstrategien du Emil empfehlen kannst.

Überprüfe dein Wissen und Können

1 Kreuze korrekte Aussagen über den Sprachwandel in der Schrift an.

- ◯ a. Das amtliche Regelwerk wird alle paar Jahre aktualisiert.
- ◯ b. Ein Grund für Sprachwandel sind Systematisierungsbestrebungen der regelnden Instanzen.
- ◯ c. Wörterbücher legen gültige Schreibungen fest.
- ◯ d. Wenn viele Menschen dieselben Fehler machen, werden die Regeln oft geändert, sodass die Fehler nicht mehr als Fehler gelten.
- ◯ e. Zumeist werden Schreibungen an die Aussprache angepasst.
- ◯ f. Die Pronomina der zweiten Person müssen in Briefen großgeschrieben werden.
- ◯ g. Nicht alle gesteuerten Veränderungen in der Schrift sind zielführend und werden deshalb zum Teil auch wieder zurückgenommen.
- ◯ h. Schrift verändert sich genauso schnell wie andere Bereiche der Sprache.

2 Nutze dein Wissen zu den niederdeutschen Dialekten und notiere hypothetische niederdeutsche Schreibungen für die folgenden Wörter.

a. Kuchen ______ b. Pfanne ______

c. Küche ______ d. Bücher ______

e. erzählen ______ f. Kupfer ______

3 Erkläre den Bedeutungsunterschied zwischen den folgenden zwei Varianten.

a. Ich sehe die steilen, grünen Hänge.	b. Ich sehe die steilen grünen Hänge.

4 Wähle für die markierten Stellen jeweils Interpunktionszeichen aus, die möglichst gut dazu beitragen, den angegebenen Zweck zu erfüllen.

a. **Gegensätzlichkeit ausdrücken**

Ich habe dieses Buch gekauft ___ d/Das andere hat mir aber besser gefallen ___

b. **Neutralität ausdrücken**

Ich habe dieses Buch gekauft ___ d/Das andere hat mir aber besser gefallen ___

c. **Nebensächlichkeit ausdrücken**

Ich habe dieses Buch gekauft ___ d/Das andere hat mir aber besser gefallen ___

d. **Emotionalität ausdrücken**

Ich habe dieses Buch gekauft ___ d/Das andere hat mir aber besser gefallen ___

e. **Andeutung ausdrücken**

Ich habe dieses Buch gekauft ___ d/Das andere hat mir aber besser gefallen ___

5 a) Korrigiere den folgenden kurzen Textbeginn einer Mitschülerin.
b) Nenne einen der Fehlerschwerpunkte, die sich in ihrer Rechtschreibung abzeichnen.

Rythmus im Blut

Maria hat Rythmus im Blut! Sie spielt Gittarre, Klavier, Flöte und Ukulelle. Schon seit immer! Seit sie ganz klein ist. Klassische Musik spielt sie genauso wie Rock- und Poppmusik und alle lieben es ihr zuzuhören. Zu Weinachten spielt sie Konzerrte in der Kirche und in den Konzerrten der Musikschule bekommt sie oft die Sohlos. An manchen Tagen träumte sie davon Pianistin zu werden; an anderen wollte Sie Rockstar werden. In dieser Hinsicht war sie hin- und hergerissen. Sie liebte die Musik einfach!

Eines Tages …

Fehlerschwerpunkt:

Schätze deinen Lernstand ein

☐ Die Aufgaben konnte ich weitgehend gut lösen.
☐ Mir fielen nicht alle Aufgaben leicht.
Folgende Seiten oder Aufgaben übe ich noch einmal: ___

Notizen

Textquellenverzeichnis

Seite 10, 11: Reza, Yasmina: *„Ja, ja, Moment ... gleich zurück ... Okay.", „Madame, unser Sohn ... und ist ungeschickt [...].", „Sie sind jung ... Zeiten uneingeschränkt herrscht."* , aus: Der Gott des Gemetzels. Übersetzt von Hinrich Schmidt-Henkel. München: Hanser 2021, S. 17/18, 21, 59.

Seite 13/14: Gödde, Ralf: *28. Dezember 1886 – Erste funktionierende Spülmaschine patentiert*, >www1.wdr.de/radio/wdr5/sendungen/zeitzeichen/zeitzeichen-patent-geschirrspuelmaschine-100.html<, WDR5, Westdeutscher Rundfunk, Köln, 28.12.2021 (letzter Aufruf: 12.01.2023).

Seite 18/19: Kaspar, Thomas: *Netflix, Amazon Prime und Co.: Wie Streaming unser Verhalten ändert*, >www.fr.de/wirtschaft/streamingdienste-kollektives-aufmerksamkeitsdefizitsyndrom-13227219.html<, Frankfurter Rundschau, Frankfurt a. M., 17.11.2019 (letzter Aufruf: 12.01.2023).

Seite 22: Bauss, Christoph/Geldreich, Michael/Kalmbacher, Jules/Walcher, Fridolin/Forster, Mark: *Sowieso*, > https://www.songtexte.com/songtext/mark-forster/sowie-so-b1ee16a.html<, Because Editions/Peripherique Publishing/Rückbank Musikverlag, Hamburg Larrabeat Pubishing Editon/BMG Rights Management GmbH, Berlin, Universal Music Publishing GmbH, Berlin, 2016 (letzter Aufruf: 12.01.2023).

Seite 28: Groß, Elke: *Gendersensible Leseförderung*, >www.wirlesen.org/artikel/wie-f-rdern/besondere-zielgruppen/m-dchen-buben/gendersensible-lesef-rderung<, Büchereiverband Österreichs, Wien, o. D. (letzter Aufruf: 12.01.2023).

Seite 28/29: Garbe, Christina: *Mädchen lesen gern – JUNGEN AUCH?!*, >www.boysandbooks.de/fileadmin/templates/images/PDF/Garbe_Maedchen_lesen_gern_-_Jungen_auch_GSU_02_2014.pdf<, Grundschulunterricht Deutsch 2/2014, Cornelsen, Berlin, S. 5/6 (letzter Aufruf: 12.01.2023).

Seite 30: *Lesen Jungs anders – als Mädchen?*, >www.kosmos.de/content/buecher/kinder-und-jugendbuecher/kinderbuch/lesen-jungs-anders-als-maedchen/#:~:text=Die%20Ergebnisse%20der%20Studien%20legen,V%C3%A4ter%20sind%20so%20ein%20Vorbild<, Franckh-Kosmos Verlag, Stuttgart, o. D. (letzter Aufruf: 12.01.2023).

Seite 30: Hermine: *Aus einem Internetforum: Leseverhalten von Jungen und Mädchen* (Originaltitel: *Neugier: Wie lesen eure Jungs/Mädchen?)*, >https://community.rabeneltern.org/index.php?thread/44253-neugier-wie-lesen-eure-jungs-m%C3%A4dchen/<, Rabeneltern.org e. V., St. Augustin, 01.05.2016 (letzter Aufruf: 12.01.2023).

Seite 30: blue: *Antwort* (Originaltitel: *Neugier: Wie lesen eure Jungs/Mädchen?)*, >https://community.rabeneltern.org/index.php?thread/44253-neugier-wie-lesen-eure-jungs-m%C3%A4dchen/<, Rabeneltern.org e. V., St. Augustin, 01.05.2016 (letzter Aufruf: 12.01.2023).

Seite 32: Huxley, Aldous: *„Wer zu lesen versteht, besitzt den Schlüssel zu großen Taten, zu unerträumten Möglichkeiten."*, >https://beruhmte-zitate.de/zitate/996345-aldous-huxley-wer-zu-lesen-versteht-besitzt-den-schlussel-zu-gr/<, Zitate und Weisheiten, o. O., 14.09.2021 (letzter Aufruf: 12.01.2023).

Seite 32: Hauschka, Ernst R.: *„Das wenigste, das man liest, kann man brauchen; aber das meiste, was man braucht, hat man gelesen."*, >www.aphorismen.de/zitat/100685<, Aphorismen.de, Forst, o. D. (letzter Aufruf: 12.01.2023).

Seite 34: *Georg Büchner*. In: Pleticha, Heinrich (Hg.): dtv junior-Literatur-Lexikon. München: dtv Verlagsgesellschaft 1986, S. 116.

Seite 35: von der Heyde, Hartmut: *Georg Büchner – Kurzbiografie*. In: Ders. (Hg.): Lexikon Deutsch. Autoren und Werke. Freising: Stark 2002, S. 25.

Seite 36: *Steckbrief vom 13. Juni 1835*, >http://tudigit.ulb.tu-darmstadt.de/show/Za-90-1835-Bd-1/0928/image<, Darmstädter Zeitung: amtliches Organ der Hessischen Landesregierung, 1835, Vol. 1, S. 872 (letzter Aufruf: 12.01.2023).

Seite 36/37: Büchner, Georg: *Auszüge aus „Der Hessische Landbote"*, aus: Der Hessische Landbote. Stuttgart: Reclam, S. 6.

Seite 37: Martin, Ariane: *Georg Büchner – ein Extremfall*, >https://literaturkritik.de/id/18500<, LiteraturWissenschaft.de, Marburg, 14.10.2013 (letzter Aufruf: 12.01.2023).

Seite 41/42: Brecht, Bertolt: *Wangs Forderung an die Götter*, aus: Der gute Mensch von Sezuan. Berlin: Suhrkamp Verlag 2017, S. 93–95.

Seite 48: Meerbaum-Eisinger, Selma: *Sehnsuchtslied*. In: Serke, Jürgen (Hg.): Ich bin in Sehnsucht eingehüllt. Gedichte. Hamburg: Hoffmann und Campe 2005, S. 37/38.

Seite 50, 52: Hahn, Ulla: *Gibt es eine weibliche Ästhetik, Gibt es eine männliche Ästhetik*. In: Dies.: Gesammelte Gedichte. München: Deutsche Verlags-Anstalt 2013, S. 40, 730.

Seite 54: Kafka, Franz: *Vor dem Gesetz*. In: Kaznelson, Siegmund (Hg.): Selbstwehr. Unabhängige jüdische Wochenschrift. Jg. 9, Nr. 34, Prag, 7.11.1915.

Seite 57: Kunert, Günter: *Zirkuswesen*. In: Ders.: Camera obscura. Prosa. München: C. Hanser 1978, S. 23/24.

Seite 59/60, 62: Zweig, Stefan: *Erste Schachpartie zwischen Czentovic und Dr. B., „Liebhaber der königlichen Kunst"*. In: Diekhans, Johannes (Hg.): EinFach Deutsch – Schachnovelle. 5. Auflage. Braunschweig: Westermann Bildungsmedien Verlag 2022, S. 58–60, 58.

Seite 63: Scholz, Olaf: *Rede 1* (Originaltitel: *Regierungserklärung von Bundeskanzler Olaf Scholz am 27. Februar 2022)*, >www.bundesregierung.de/breg-de/suche/regierungserklaerung-von-bundeskanzler-olaf-scholz-am-27-februar-2022-2008356<, Presse- und Informationsamt der Bundesregierung, Berlin, 27.02.2022 (letzter Aufruf: 12.01.2023).

Seite 64: Walser Martin: *Rede 2* (Originaltitel: *Erfahrungen beim Verfassen einer Sonntagsrede)*. In: Börsenverein des Deutschen Buchhandels e. V. (Hg.): Friedenspreis des Deutschen Buchhandels 1998. Martin Walser. Ansprachen aus Anlass der Verleihung. Frankfurt/M 1998, S. 39/40.

Seite 65: Bärfuss, Lukas: *Rede für die saarländischen Abiturient/-innen des Jahres 2020*, aus: Wir kennen uns nicht. Rede für die saarländischen Abiturient:innen des Jahres 2020, St. Ingbert: Conte Verlag 2020, S. 5/6.

Seite 66: Merkel, Angela: *Wir schaffen das!*, aus: Was also ist mein Land? Drei Reden. Berlin: Aufbau Verlage 2021, S. 25–27.

Seite 67: Hitler, Adolf: *Rede Adolf Hitlers an die Hitler-Jugend auf dem dritten Parteitag der NSDAP am 15. September 1935 in Nürnberg*. In: Möller, Jürgen: Rhetorik. Unterrichtsmodell. Braunschweig/Paderborn/Darmstadt: Westermann Bildungsmedien Verlag 2005, S. 59.

Seite 67: Kennedy, John F.: *Rede vor dem Schöneberger Rathaus am 26.06.1963*. In: Pelster, Theodor: Rede und Rhetorik. Düsseldorf: Verlag Schwann 1972, S. 279/280.

Seite 68: Hitler, Adolf: *„[Einmal wird kommen ... Volk und Vaterland!"*. In: Domarus, Max: Hitler. Reden 1932 bis 1945. Bd. I: Der Triumph. München: Süddeutscher Verlag 1965, S. 261.

Seite 68: Hitler. Adolf: *„Und wenn die ... ihre Städte ausradieren"* [Transkript], >https://archive.org/details/19400904JosephGoebbelsUndAdolfHitlerRedeZurEroeffnungDesKriegswinterhilfswerks1h11m<, Rede zur Eröffnung des Kriegswinterhilfswerks, Berliner Sportpalast, 04.09.1940. Länge: 1h11m, Auszug: 48:43-49:16 (letzter Aufruf: 12.01.2023).

Seite 70: Thunberg, Greta: *Rede bei der 24. UN-Klimakonferenz in Kattowitz im Dezember 2018*, aus: Ich will, dass ihr in Panik geratet! Meine Reden zum Klimaschutz. Übersetzt von Ulrike Bischoff. Frankfurt am Main: Fischer Taschenbuch 2019, S. 37–39.

Seite 71: Aldiss, Brian W.: *Superspielzeug*, aus: Künstliche Intelligenzen. Übersetzt von Usch Kiausch. München: Heyne 2001, S. 33/34.

Seite 74: *Hannover: Große Schlange auf Balkon*, >www.ndr.de/fernsehen/barrierefreie_angebote/leichte_sprache/Hannover-Grosse-Schlange-auf-Balkon,schlange322.html<, Norddeutscher Rundfunk, Hamburg, 02.08.2022 (letzter Aufruf: 12.01.2023).

Seite 75: *Rotkäppchen in leichter Sprache*, >www.uni-hildesheim.de/leichtesprache/news/artikel/rotkaeppchen/<, Stiftung Universität Hildesheim, Hildesheim, 22.12.2014 (letzter Aufruf: 12.01.2023).

Seite 75: Gebrüder Grimm: *Rotkäppchen*, >www.goethe.de/lrn/prj/mlg/mad/gri/de9114344.htm<, Goethe-Institut, München, o. D. (letzter Aufruf: 12.01.2023).

Seite 76: Scheunenstuhl, Peter/Neuner, Elke: *Hausordnung für das Freibad, „Die Benutzung der ... auf eigene Gefahr", „Nach dem Sprung ... sofort verlassen werden", „Die Benutzung von ... des Aufsichtspersonals gestattet", „Insbesondere ist verboten ... oder zu laufen.", „Die Rutsche darf ... Sicherheitsabstand benutzt werden."* (Originaltitel: *Hausordnung für das Freibad Gaustadt)*, >www.stadtwerke-bamberg.de/fileadmin/user_upload/Dokumente/Baeder/Haus-_und_Badeordnungen/Freibad_Gaustadt_Hausordnung_08-2020.pdf<, Stadtwerke Bamberg, Bamberg, 01.08.2020 (letzter Aufruf: 12.01.2023).

Seite 78: *„Im Kindsfall unserer Stadtgemeinde ... vorsprachig zu werden.“, „Der sich auf ... des Tiermaules fest.“, „Zwecks diesbezüglicher Feststellung ... nebst beigefügter Großmutter.“*, aus: Rotkäppchen für Beamte, >https://fit.lernnetz.de/lib/exe/fetch.php?media=download:rotkaeppchen_sammlung_verschiedener_moderner_versionen.pdf<, Medienfortbildung IQSH, S. 2/3 (letzter Aufruf: 12.01.2023).

Seite 79: *Besondere Züge in Niedersachsen*, >www.ndr.de/fernsehen/barrierefreie_angebote/leichte_sprache/Besondere-Zuege-in-Niedersachsen,wasserstoffzuege102.html<, Norddeutscher Rundfunk, Hamburg, 24.08.2022 (letzter Aufruf: 12.01.2023).

Seite 79: Scheunenstuhl, Peter/Neuner, Elke: *„Bei Einschränkung der ... Erstattung der Eintrittsentgelte.“, „Das Mitbringen von ... Behältern ist verboten.“, „Der Verzehr von ... gekennzeichneten Flächen gestattet.“, Das Betreten des ... Straßenschuhen ist verboten.“*, aus: Hausordnung für das Freibad Gaustadt, >www.stadtwerke-bamberg.de/fileadmin/user_upload/Dokumente/Baeder/Haus-_und_Badeordnungen/Freibad_Gaustadt_Hausordnung_08-2020.pdf<, Stadtwerke Bamberg, Bamberg, 01.08.2020 (letzter Aufruf: 12.01.2023).

Seite 79: *Straßenverkehrs-Ordnung (StVO): § 13 Einrichtungen zur Überwachung der Parkzeit*, >www.gesetze-im-internet.de/stvo_2013/__13.html<, Bundesrepublik Deutschland, Berlin, o. D. (letzter Aufruf: 12.01.2023).

Seite 80: Burkhardt, Armin: *Politolinguistik: Benennungsprobleme* (Originaltitel: *Politolinguistik. Versuch einer Ortsbestimmung)*. In: Klein, Josef/Diekmannshenke, Hajo: Sprachstrategien und Dialogblockaden. Walter de Gruyter: Berlin/New York, 1996, S. 79–81.

Seite 81: Mohamed Ali, Amira/Bartsch, Dietmar/Fraktion: *Antrag zur Beratung im Deutschen Bundestag* (Originaltitel: *Bildungsföderalismus reformieren und Bildungsgerechtigkeit zukunftsfest gestalten)*, >https://dserver.bundestag.de/btd/19/289/1928903.pdf<, Deutscher Bundestag, 19. Wahlperiode. Berlin, Drucksache 19/28903, 22.04.2021 (letzter Aufruf: 12.01.2023).

Seite 84: Biedenkopf, Kurt H. : *„Besetzung der Begriffe“, „Revolution neuer Art“, „Revolution der Gesellschaft durch die Sprache“*, aus: Sprache und Politik. In: Heringer, H. J. (Hg.): Holzfeuer im hölzernen Ofen. Aufsätze zur politischen Sprachkritik. Tübingen: Narr 1982, 189–197.

Seite 85: Eitz, Thorsten: *Das Beispiel „Neue Mitte“* (Originaltitel: *Kampf um Wörter)*, >www.fluter.de/sites/default/files/kampf_um_woerter.pdf <, fluter Nr. 39 – Thema Sprache. Bonn, Bundeszentrale für politische Bildung, S. 38/39 (letzter Aufruf: 12.01.2023).

Seite 86: *„Flüchtlings-Tsunami überrollt ... Flüchtlinge aus Afrika“*, aus: Europa ist ihre letzte Hoffnung, >www.bild.de/politik/ausland/fluechtling/fluechtlings-tsunami-ueberrollt-europa-36308786.bild.html<, Bild, Berlin, 08.06.2014 (letzter Aufruf: 12.01.2023).

Seite 86: *„Der Begriff ‚Generationengerechtigkeit‘ ... unter den Generationen.“*, aus: Generationengerechtigkeit, >www.wirtschaftundschule.de/wirtschaftslexikon/g/generationengerechtigkeit/<, Institut der deutschen Wirtschaft/ JUNIOR gGmbH, Köln, o. D. (letzter Aufruf: 12.01.2023).

Seite 86: *„Egal welche Politik ... Generationengerehtigkeit egal sei.“*, aus: „Niemals in Worten nach Wahrheit suchen, >www.deutschlandfunkkultur.de/ekkehard-felder-ueber-politische-kommunikation-niemals-in-100.html<, Deutschlandradio, Köln, 15.02.2020 (letzter Aufruf: 12.01.2023).

Seite 88: *„Enthält einen Fasermaler mit hellem Hautton“*, >www.herlitz.de/herlitzhp/Pulsar/de.Herlitz.showProduct..c.182.p.27907./fasermaler-30er-inh%C3%A4ngeschachtel<, Pelikan, Hannover, o. D. (letzter Aufruf: 12.01.2023).

Seite 88: *„Dreifarbige Sklavensandalen“*, >https://twitter.com/petterich/status/585400647291383808/photo/1<, ZARA, Hamburg, o. D. (letzter Aufruf: 12.01.2023).

Seite 88: *„White is purity“* (Originaltitel: *Nivea empört mit „White is purity“-Anzeige)*, >https://twitter.com/PattePattePatte/status/848896658683424768?ref_src=twsrc%5Etfw%7Ctwcamp%5Etweetembed%7Ctwterm%5E848896658683424768%7Ctwgr%5Eaaf28c595314ec3136b3271e1c7abf0365f0537b%7Ctwcon%5Es1_&ref_url=https%3A%2F%2Fembed-v1.handelsblatt.com%2Fapi%2Fembed%3Furl%3Dhttps3A2F2Ftwitter.com2FPattePattePatte2Fstatus2F848896658683424768<, Beiersdorf AG, Hamburg (letzter Aufruf: 12.01.2023).

Seite 90: Söder, Markus: *„Diese ständigen Panikattacken aus Berlin können auf Dauer nicht richtig sein“* (Originaltitel: *Warm-up für den Landtagswahlkampf: Auch Koalitionspartner bekamen Pfeile ab)*, >www.mittelbayerische.de/region/kelheim/gillamoos-nachrichten/warm-up-fuer-den-landtagswahlkampf-auch-koalitionspartner-bekamen-pfeile-ab-24024-art2151911.html<, Mittelbayerische Zeitung, 06.09.2022, S. 9 (letzter Aufruf: 12.01.2023).

Seite 90: Kühnert, Kevin: *„Das sind vulgäre und unanständige Gewinne“* (Originaltitel: *Warm-up für den Landtagswahlkampf: Auch Koalitionspartner bekamen Pfeile ab)*, >www.mittelbayerische.de/region/kelheim/gillamoos-nachrichten/warm-up-fuer-den-landtagswahlkampf-auch-koalitionspartner-bekamen-pfeile-ab-24024-art2151911.html<, Mittelbayerische Zeitung, 06.09.2022, S. 9 (letzter Aufruf: 12.01.2023).

Seite 90: Aiwanger, Hubert: *„Das normale Volk muss wieder sagen, wo es lang geht!“* (Originaltitel: *Warm-up für den Landtagswahlkampf: Auch Koalitionspartner bekamen Pfeile ab)*, >www.mittelbayerische.de/region/kelheim/gillamoos-nachrichten/warm-up-fuer-den-landtagswahlkampf-auch-koalitionspartner-bekamen-pfeile-ab-24024-art2151911.html<, Mittelbayerische Zeitung, 06.09.2022, S. 9 (letzter Aufruf: 12.01.2023).

Seite 94: Seelbach, Ulrich: *„Althochdeutsch Dialekte südlich ... machhon machen make“* (Originaltitel: *Die Benrather Linie)*, >https://slidetodoc.com/die-benrather-linie-die-zweite-lautverschiebung-und-ihre/<, Geschichte der Deutschen Sprache. Universität Bielefeld, Bielefeld, Wintersemester 2003/2004 (letzter Aufruf: 12.01.2023).

Seite 96: Coelhos, Paulo: *Elf Minuten*, aus: Elf Minuten. Übersetzt von Maralde Meyer-Minnemann. Zürich: Diogenes Verlag 2003, S. 8.

Seite 99: Meyer, Conrad Ferdinand: *Zwei Segel*, >www.mein-lernen.at/deutsch/gedicht-zwei-segel-conrad-meyer-interpretation<, 1882. In: meinlernen, o. O. o. D (letzter Aufruf: 12.01.2023).

Bildquellenverzeichnis

|akg-images GmbH, Berlin: 36.1, 38.1, 57.1. |Alamy Stock Photo, Abingdon/Oxfordshire: Granger - Historical Picture Archive 69.4; Nowak, Juergen / © VG Bild-Kunst, Bonn 2023 82.1. |Alamy Stock Photo (RMB), Abingdon/Oxfordshire: UPI 70.1; WENN Ltd 22.1. |Bartning, C. Constantin, Berlin: 54.1. |Berghahn, Matthias, Bielefeld: 89.1, 94.1. |Diogenes Verlag AG, Zürich: 96.1. |Feuerwehr Hannover, Hannover: 74.1. |fotolia.com, New York: eyetronic 83.3. |Getty Images, München: Bettmann Archive 69.1; Halfpoint 18.1; Imagno/Thomas Sessler Verlag 69.3. |Google Books Ngram Viewer: 92.1, 93.1. |iStockphoto.com, Calgary: bojanstory Titel; CarlosDavid.org 6.2; catnap72 99.1; microgen 83.1; urbazon 75.1; wingmar 100.2; Yagi-Studio 100.1. |Landesbühne Niedersachsen Nord GmbH, Wilhelmshaven: © Martin Becker 10.1. |Neomorph Verlag, Rechthalten: http://neomorph.ch/ 59.1. |Picture-Alliance GmbH, Frankfurt a.M.: dpa/Kleinschmidt, Tobias 83.2; dpa/Kumm, Wolfgang 66.1; dpa/Miele 13.1; dpa/Seeger, Patrick 64.1; Marcus Schlaf/Ippen-Figital-Mediadia/dpa 21.1; Vergau, Susannah V. 65.1; ZB/K. Schindler 84.1; ZB/Z6944 Sascha Steinach 16.1. |Schwarzstein, Yaroslav, Hannover: 41.1, 45.1, 68.1, 68.2. |Shutterstock.com, New York: photocosmos1 63.1; Zwerver, Rudmer 58.1. |stock.adobe.com, Dublin: AEyZRiO 72.1; artemstepanov 53.1; ASDF 9.1; Asier 47.1; contrastwerkstatt 6.1; den-belitsky 79.1; Drobot,Dean 33.1; fizkes 90.1; Franke,Juliane 87.1; Gast,Astrid 79.2; Gojda,Lukas 98.1; hiddencatch 25.2; Julia 52.1; luismolinero 6.4; Mix and Match Studio 97.1; N_studio 32.1; Photographee.eu 7.1; PRILL Mediendesign 40.1; puhimec 73.1; sementsova321 25.1; sergojpg 101.1; Smokovski,Ljupco 77.1; Teerasan 20.1; thongsee 24.1; totojang1977 62.1; VAKSMANV 27.2; victoria p. 61.1; Wayhome Studio 6.3; weingartner 76.1; Worring, Christian-P. 28.1; yuliana_s 50.1; zephyr_p 30.1; Ziegler,Moritz 78.1. |Stollwerck GmbH, Norderstedt: 88.1, 88.2. |Süddeutsche Zeitung - Photo, München: Scherl 69.6. |Süddeutsche Zeitung Grafik, München: 27.1. |twitter.com: 83.4, 83.5, 91.1. |ullstein bild, Berlin: Heinrich Hoffmann 69.2; Süddeutsche Zeitung Photo/Scherl 69.5. |Winkler, Silke, Grevesmühlen: 10.2. |Yad Vashem Photo Archive, Jerusalem: 49.1.